공부가 되는
흐름 한국사 2

〈공부가 되는〉 시리즈 53

공부가 되는
흐름 한국사 2

초판 1쇄 발행 2014년 12월 15일
초판 3쇄 발행 2023년 07월 28일

지은이 조한서
추천·감수 조왕호

책임편집 김설아
책임디자인 유영준

펴낸이 이상순
주　간 서인찬
편집장 박윤주
기획편집 한나비, 김한솔
디자인 이민정
마케팅 홍보 이상광, 이병구, 오은애
펴낸곳 (주)도서출판 아름다운사람들
주소 (10881) 경기도 파주시 회동길 103
대표전화 (031)955-1001 **팩스** (031)955-1083
이메일 books777@naver.com
홈페이지 www.book114.kr

ⓒ2014 조한서
ISBN 978-89-6513-334-6 74900
ISBN 978-89-6513-332-2 74900 (세트)

◎ 파본은 구입하신 서점에서 교환해 드립니다.
　이 책은 저작권법에 의하여 보호를 받는 저작물이므로 무단 전재와 복제를 금합니다.

공부가 되는 흐름 한국사 2

고려 시대부터 조선 중기까지

지음 조한서 | 추천·감수 조왕호

아름다운사람들

| 차 례 |

아이들이 《공부가 되는 흐름 한국사》를 읽으면 좋은 이유 …8

1 고려의 건국과 후삼국 통일 …10

왕건의 고려 건국 …12
왕건과 견훤의 대결 …17
왕건, 후삼국을 통일하다 …22

2 제도를 정비하고 왕권을 강화하다 …26

왕건이 힘쓴 중요 정책 …28
왕권 강화를 위한 정책 …32
성종, 중앙 집권 체제의 틀을 갖추다 …36

3 거란과의 대결과 여진 정벌 …42

거란의 1차 침입과 서희의 활약 …44
강조의 난과 거란의 2차 침입 …49
거란의 3차 침입과 귀주 대첩 …51
별무반 설치와 여진 정벌 …55

4 무신 정권의 등장과 하층민의 봉기 ···58

이자겸의 반란 ···60
묘청의 서경 천도 운동 ···63
무신 정권의 등장 ···68
평등한 세상을 꿈꾸며 ···72

5 몽골의 침입과 공민왕의 개혁 정치 ···76

몽골과의 40년 전쟁 ···78
삼별초, 끝까지 몽골에 맞서 싸우다 ···82
원나라의 내정 간섭과 권문세족 ···85
공민왕의 반원 자주 정책 ···88
새로운 정치 세력의 성장 ···92

6 고려 시대의 생활과 문화 ···94

고려 시대의 여러 종교 ···96
고려 시대 외국과의 교류와 코리아 ···100
고려 시대 문화의 특징 ···104
고려 시대의 세계적인 자랑거리 ···108
고려 시대의 역사책 ···113

고려 시대 연표 ···118

7 이성계의 조선 건국 ···120

4불가론과 위화도 회군 ···122
온건파를 제거하고 새 나라를 세우다 ···125
한양을 새 도읍지로 정하다 ···131

8 새로운 나라의 틀을 다지다 ···134

정도전의 제도 정비와 왕자의 난 ···136
태종의 왕권 강화와 제도 정비 ···139
지배 체제 정비를 마무리하다 ···145
조선의 외교 정책 ···148
백성을 위한 글자를 만들다 ···150
과학 기술과 인쇄술의 발달 ···155

9 사림 세력의 등장과 성리학의 확산 …160

세조와 사육신 …162
사림 세력의 등장 …166
조광조의 개혁 정치 …170
서원의 설립과 성리학의 확산 …175

10 임진왜란과 병자호란 …178

붕당 정치의 시작 …180
일본, 조선을 침입하다 …182
이순신 장군과 의병의 활약 …186
전쟁은 어떻게 끝나고, 어떤 영향을 미쳤나? …191
광해군의 중립 외교와 인조반정 …195
병자호란과 북벌 운동 …198

조선 건국부터 병자호란까지 연표 …202

자료 제공처 및 출처 …204

아이들이
《공부가 되는 흐름 한국사》를
읽으면 좋은 이유

1 역사를 알면 오늘을 살아가는 데 필요한 지혜와 교훈을 얻을 수 있습니다

《공부가 되는 흐름 한국사》는 지구의 탄생에서 시작해 한반도를 중심으로 우리 조상이 살아온 발자취가 현재의 우리와 어떻게 연결되었는지를 알려 줍니다. 지금 우리가 겪고 있는 모든 일은 과거와 끈이 닿아 있다는 것을 알게 해 주며, 오늘날 우리 삶을 만들어 낸 우리 역사의 거대한 흐름을 재밌게 이해하도록 도와주기 때문입니다. 또한 역사 속에는 우리 조상이 살아온 온갖 지혜와 경험이 담겨 있습니다. 그러므로 역사를 알면 오늘을 살아가는 데 필요한 지혜와 교훈을 얻을 수 있습니다. 이 같은 이유에서 역사학자 에드워드 카는 "역사는 과거와 현재의 끊임없는 대화"라고 말했습니다.

2 역사적 안목을 높이고 생각하는 힘을 길러 줍니다

역사학자 리처드 에번스는 "역사는 그것이 어떻게 일어났으며, 어떻게 소멸하고, 어떤 영향을 주었는가를 파악하는 것이 더 중요하다."라고 했습니다. 이처럼 역사를 접할 때는 단순히 과거에 어떤 일이 있었는지 사실 관계를 아는 데 그치는 것이 아니라, 그 사건이 일어난 배경과 그렇게 될 수밖에 없는 필연적 이유를 아는 것이 더 중요합니다. 따라서 역사적 안목을 갖춘다는 의미는 단순히 있었던 일을 아는 데 있지 않습니다. '있었던 일'을 평가하고 비판할 수 있는 힘을 기르며, 역사적 사건을 해석하고 평가하는 기준도 시대에 따라 다를 수 있다는 것을 아는 것입니다. 그러므로 역사를 제대로 알고 이해하는 것은 사물에 대한 사고력과 판단력을 폭넓게 길러 줄 뿐 아니라 스스로 생각하는 힘을 기르게 해, 우리 아이들의 가치관을 결정하는 데 중요한 디딤돌이 되어 줍니다.

3 어려운 역사 개념이 바로 해결됩니다

중앙 집권 국가, 동북공정, 온건파, 탕평책, 신분 제도, 세도 정치, 중립 외교, 권문세족, 내정 간섭, 제도 정비, 민주주의, 사회주의, 자본주의…… 우리가 늘 듣는 용어지만 각각의 구체적인 뜻은 모호합니다. 역사적 개념은 도대체 어떤 사건을 통해 사용되기 시작했고, 어떤 의미를 포함하고 있을까요? 한국사를 통해 생겨나 오늘날의 일상생활에서도 흔히 사용되는 어휘와 개념을 단순한 어휘와 암기를 뛰어넘어, 한국사의 큰 흐름 속에서 이해하고 활용할 수 있도록 똑똑하게 알려 줍니다.

4 공부의 즐거움을 깨치는 〈공부가 되는〉 시리즈

〈공부가 되는〉 시리즈는 공부를 지겹게만 여기는 우리 아이들에게 공부의 즐거움을 알려 주는 시리즈입니다. 또한 만사가 궁금한 우리 아이들의 지적 호기심을 해결해 주는 시리즈이기도 합니다. 공부의 맛과 재미는 탄탄한 기초 교양 위에서 더욱 커집니다. 그리고 그 기초 교양은 우리 아이들이 자기 주도적인 학습을 하는 데에도 원동력이 되어 줍니다. 《공부가 되는 흐름 한국사》는 역사의 거대한 흐름을 이해하고, 이를 통해 역사적 안목과 사고력·판단력을 높일 수 있도록 만들었습니다. 역사 공부를 통해 기른 뚜렷한 역사의식은 우리 아이들이 주체적 인간으로 성장하는 데 징검다리 역할을 해 줄 것입니다.

1

고려의 건국과 후삼국 통일

918년, 왕건은 개경을 도읍으로 한 나라를 세웠어. 고구려를 계승한 '고려'였지. 그리고 936년에는 통일 신라, 후백제를 모두 아우르는 민족 통일을 이루어 냈단다. 지방 호족에 불과했던 왕건이 통일 신라보다 더 넓은 땅에 더 큰 나라를 세울 수 있었던 힘은 무엇이었을까? 이제 그 힘을 하나하나 살펴볼 거야.

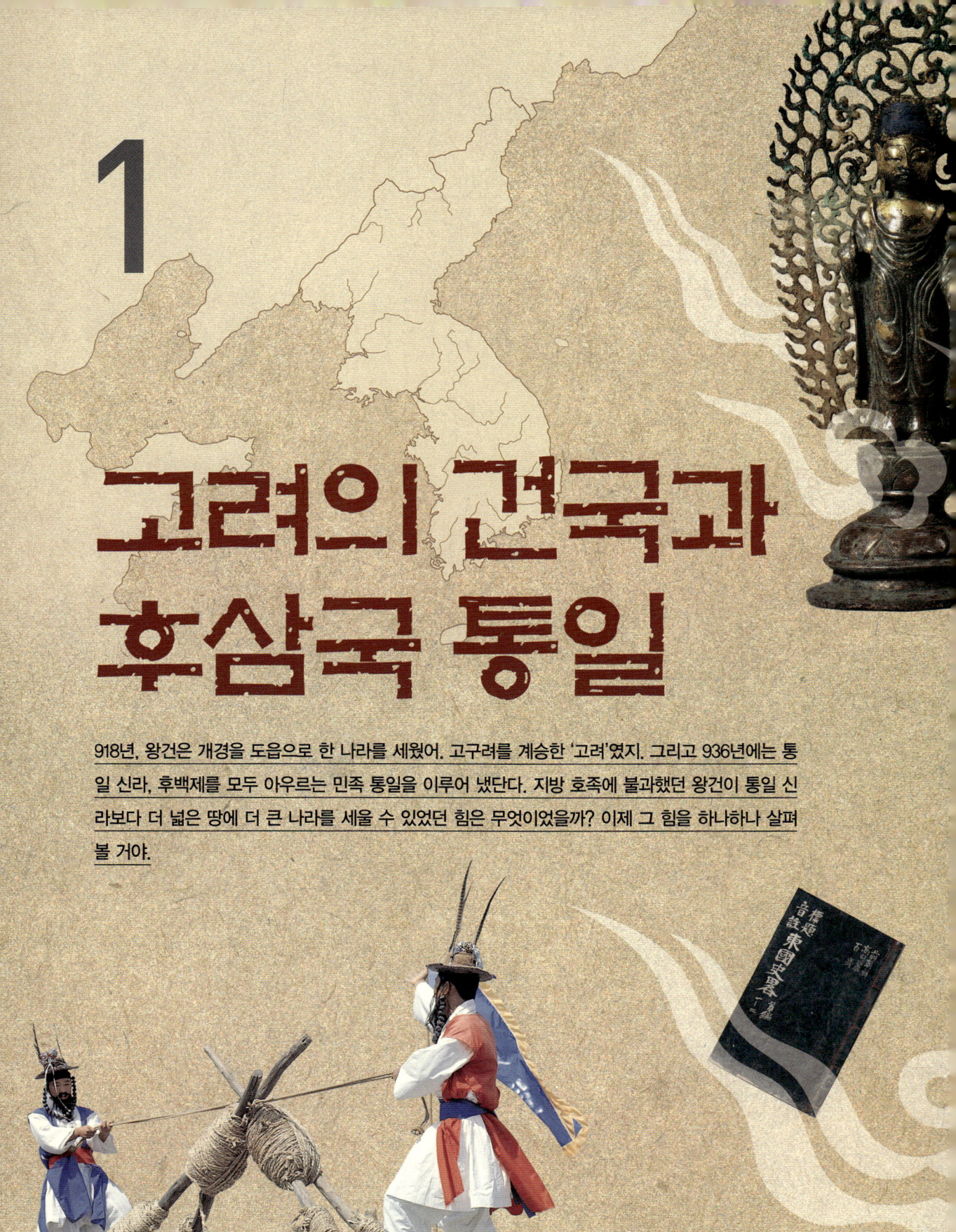

고려의 건국과 후삼국 통일

1

왕건의 고려 건국 | 왕건과 견훤의 대결 | 왕건, 후삼국을 통일하다

왕건의 고려 건국

왕건은 송악(지금의 개성)을 지배하던 대호족 왕융과 어머니 한씨 사이에서 맏아들로 태어났어(877년). 왕건의 집안은 조상 대대로 해상 무역을 해서 큰돈을 모았던 데다 막강한 군사력도 거느리고 있었지.

대호족의 맏아들로 태어난 왕건은 어떤 어린 시절을 보냈을까? 고려를 건국하고 후삼국까지 통일한 인물이니 그럴듯한 이야깃거리가 많을 것 같지만 사실은 그렇지 않단다. 왕건이 스무 살 될 무렵까지의 일은 기록으로 남아 있는 것이 없어서 어린 시절에 대해서는 자세히 알 수 없어.

왕건이 아버지 왕융과 함께 궁예 밑으로 들어갔다는 이야기는 앞에서 했지? 왕건이 스무 살 때였던 896년의 일이야.

그 무렵 궁예는 강원도 지역을 휩쓸고 송악까지 넘보는 등 크게 세력을 떨치고 있었지. 왕융은 자신의 군사력으로는 궁예를 당해 내기 힘들다고 판단하여, 가문의 안전을 위해 미리 궁예 밑으로 들어간 거였어. 5년 후, 궁예는 충청북도 지역을 차지하고 있던 양길까지 격파하고 송악을 도읍으로 정해 고구려를 건국했단다(901년).

궁예는 자기 밑으로 들어온 왕융 부자를 크게 반기며 왕융에게 금성 태수의 벼슬을 내렸어. 그러나 왕융은 이듬해에 죽고, 그 후 왕건은 정기대감(기병을 지휘하는 지휘관)에 임명되어 궁예의

청주 정북동 토성
견훤과 궁예가 패권을 다툰 격전지로 추측되는 곳이야. 예전에는 토성의 건축 연대도 후삼국 시대로 보았단다. 그런데 돌창, 돌칼 등의 유물이 새로이 발굴되면서, 지금은 삼국 시대 초기와 중기에 지은 것으로 보기도 해.

장군으로 활약하게 돼.

왕건은 군사를 거느리고 경기도 광주, 충주, 청주, 당성(지금의 남양), 괴양(지금의 직산) 등 경기도와 충청도 일대의 여러 군현을 차지하는 공을 세웠어. 또 수군을 거느리고 후백제의 영토인 전라도 지방을 공격해서 금성군(나주)을 점령하고, 부근의 군현 10여 개를 빼앗았지.

뿐만 아니라 왕건은 점령한 지역의 백성을 보살피고 구제하는 일에도 힘써서 백성으로부터 신망을 얻었단다.

이와 같은 활약으로 왕건은 궁예로부터 크게 신임을 얻어 승진을 거듭했어. 그래서 최고 벼슬자리인 시중에 오르게 됐지(913년). 서른일곱 살의 나이로 궁예 다음가는 2인자가 된 거야.

한편 궁예는 세력이 커지면서 점점 교만해졌어. 그는 자신의 뜻을 거스르는 신하와 장수 들을 잔인하게 죽이고, 심지어는 왕비 강씨와 두 아들까지 죽였어. 그는 스스로 '미륵불'이라고 하며 "사람들의 마음을 모두 꿰뚫어 보고 있다."고 말했어. 이것을 관심법이라고 했는데, 이 관심법에 잘못 걸리면 누구나 가차 없이 죽게 됐지. 왕비와 두 아들도 관심법에 걸려서 죽었단다.

905년 궁예는 도읍을 송악에서 철원으로 옮기고, 나라 이름도 '태봉'이라고 고쳤어. 태봉은 '서로 뜻을 같이하며 편히 사는 세상', 바꿔 말하면 '미륵불이 다스리는 이상 세계'를 의미해.

그러나 궁예가 한 일은 미륵이 다스리는 세상과는 한참 거리가 멀었어. 도읍을 옮긴 궁예는 신라보다 더 웅장하고 화려한 궁궐을 짓겠다며 많은 백성을 동원하고 많은 세금을 마구 거둬들였단다. 그래서 백성의 원성이 하늘을 찌를 듯 높아졌어.

또 궁예는 신라에 커다란 적개심을 가지고 있어서, 신라인이 투항해 와도 무조건 죽였어.

궁예의 포악한 정치를 견디다 못해 918년에는 궁예를 받들던 홍유, 배현경, 신숭겸, 복지겸 등의 장수들이 정변을 일으켰어. 그들은 궁예를 몰아내고 왕건을 새로운 왕으로 추대했단다.

그해 6월 왕건은 새로운 나라의 왕위에 오르고, 나라 이름을 '고려'라고 했어. 고려는 '고구려의 뒤를 잇는다.'는 뜻에서 지은 이름이야.

나라는 새로 세웠지만 왕건 앞에는 여러 가지 어려운 문제가 가로놓여 있었단다. 궁예를 섬기던 신하들이 잇따라 반란을 일으켰고, 호족을 자기편으로 만드는 것도 쉬운 일이 아니었어. 또 민심을 다독거려 백성의 마음을 얻는 것도 중요한 일이었지.

왕건은 나라를 세운 다음 해에 철원에서 송악으로 도읍을 옮겼어. 그리고 여러 어려운 문제를 빠르게 해결해 나갔어.

왕건
고려의 첫 왕 태조 왕건이야. 918년에 궁예를 몰아내고 후삼국을 통일했지. 왕건은 튼튼한 나라를 만들기 위해 많은 노력을 기울였어. 그리고 자손들에게 〈훈요십조〉를 남겨 고려가 더욱 발전하기를 바랐단다.

발해

고려

후삼국 시대의 영토

신라

후백제

탐라

먼저 궁예가 가혹하게 거둬들였던 세금을 덜 내게 하고 토지 제도를 바로잡아 백성의 마음을 얻었어. 또 세력이 강한 호족과는 혼인 관계를 맺어 자기편으로 만들었단다.

왕건이 얼마나 많이 혼사를 치렀는지 아니? 무려 스물 아홉 번이야. 왕건은 각 지역에서 막강한 군사력과 경제력을 가지고 있는 호족의 딸과 연달아 혼인 관계를 맺었어. 그리고 호족과 장인과 사위 관계가 됨으로써 그들을 자기편으로 만들었던 거야. 그러나 왕건이 이처럼 많은 호족과 혼인 관계를 맺은 것은 왕건이 죽은 후에 큰 문제를 불러일으켰단다. 서로 다른 어머니에게서 태어난 왕자들이 왕의 자리를 이어받으려고 벌였던 피비린내 나는 권력 투쟁의 원인이 되었거든.

그럼 왕의 자리에서 쫓겨난 궁예는 어떻게 되었을까? 기록에는 '산골을 헤매던 궁예가 굶주린 배를 채우기 위해 몰래 보리 이삭을 잘라 먹다 백성에게 들켜 돌에 맞아 죽었다.'고 되어 있어. 또 철원 지방에 전해 오는 전설에는 '궁예가 스스로 목숨을 끊었으며, 죽은 후 백성이 우러러보는 신이 되었다.'고 해.

왕건과 견훤의 대결

신라, 후백제, 후고구려가 맞섰던 후삼국 초기에는 궁예의 후고구려가 가장 강했어. 또 궁예가 죽은 후에는 견훤의 후백제 세력이 가장 강했지. 그래서 고려를 세운 왕건과 후백제를 세운 견훤 사이에는 치열한 세력 다툼이 벌어지게 되었어.

왕건과 견훤의 대결은 왕건이 고려를 건국하기 이전으로 거슬러 올라가.

왕건이 수군을 거느리고 후백제의 영토인 전라도 지방을 공격해서 나주를 점령하고 부근의 군현 10여 개를 빼앗았다는 이야기는 앞에서 했지. 그건 왕건이 고려를 건국하기 전의 일이었고, 왕건과 견훤이 직접 맞붙었던 것도 아니었어.

나주 점령으로 서해는 궁예의 차지가 되었어. 그러던 가운데 후백제 사신들을 태우고 중국의 '오월'이라는 나라로 향하던 배가 왕건의 수군에 붙잡히는 일이 발생했지. 후백제와 오월 사이의 바닷길이 끊겨 버린 거야.

견훤은 울분이 치밀었지만 당장은 어쩔 수 없었어. 바다에서는 왕건의 수군이 견훤의 수군보다 한 수 위였으니까. 그렇다고 나주를 포기할 견훤도 아니었지.

견훤은 몇 년 동안 수군을 정비해 나주 앞바다를 봉쇄한 후, 자신이 직접 기병 3천 명을 거느리고 나주 공격에 나섰어. 그때 왕건은 철원에 있었지.

궁예는 급히 왕건에게 나주를 구원하라고 명령했단다. 왕건은 함선 80여 척을 이끌고 남해로 내려왔어. 그리고 목포 입구에 있는 고이도를 점령한 후 영산강 하류로 진입했어.

왕건의 함대가 나타났다는 소식을 들은 견훤은 함대 150여 척을 거느리고 왕건의 수군이 나타나기를 기다렸지. 함선의 수가 압도적으로 많았던 데다 왕인 견훤이 직접 지휘하고 있어서 후백제 수군은 사기가 드높았어.

왕건은 부하들이 겁을 먹자, 여러 장수를 모아 놓고 이렇게 격려했어.

"걱정하지 마라. 전투에 이기는 것은 화합해서 한 덩어리가 되어 싸우는 데 있지, 수의 많음에 있는 것이 아니다!"

마침 조류가 왕건 함대가 진격하는 방향으로 흐르고 있었어. 왕건은 진격 명령을 내렸단다. 왕건의 함대는 조류를 타고 민첩하게 움직였어. 그러나 견훤의 함대는 조류의 방향이 달라 뜻대로 움직이기 힘들었지.

또 바람까지 견훤의 함대 쪽으로 불었단다. 왕건의 함대는 불화살을 날리며 맹렬한 공격을 퍼부었어. 맞바람을 맞고 싸우던 후백제의 함대는 삽시간에 불길에 휩싸였단다.

이것이 왕건과 견훤이 직접 맞붙은 첫 대결이었어. 이 싸움에서 견훤은 반수 이상의 군사를 잃었고, 자신도 작은 배로 허겁지겁 뭍에 올라 달아났단다. 이것을 덕진포 전투라고 해(910년).

그 후 왕건은 고려를 건국했지(918년). 고려와 후백제 사이에 작은 세력 다툼은 있었지만, 왕건과 견훤의 관계는 그리 나빴던 것 같지 않아. 견훤이 왕건에게 좋은 부채와 지리산 대나무로 만든 화살을 선물했다는 기록도 있고, 기록에 남아 있지는 않지만 왕건도 견훤에게 답례를 했을 거야.

두 사람이 다시 불편한 관계가 된 것은 왕건이 왕위에 오르고 3년째인 920년, 견훤이 신라 땅인 합천을 공격하면서부터야. 신라는 왕건에게 구원을 청했고, 왕건은 구원군을 보냈지.

이것이 두 사람 사이에 대결의 신호탄이 되었다고나 할까? 924년 견훤은 고려 땅인 조물성(지금의 경상북도 구미에 있는 금오산성

경주 포석정지

포석정은 통일 신라 때 만든 아름다운 별궁 터야. 하지만 언제 만들었는지는 정확하게 알 수가 없어. 자그마한 인공 개울을 만들고, 여기에 술잔을 띄우며 시를 읊는 놀이를 했다고 하는구나.

표제음주동국사략
고조선부터 고려 시대까지를 담은 조선 시대의 역사책이야. 특히 궁예의 후고구려와 태봉, 견훤의 후백제를 각각의 나라로 인정하여 역사책을 썼다는 데 의의가 있어.

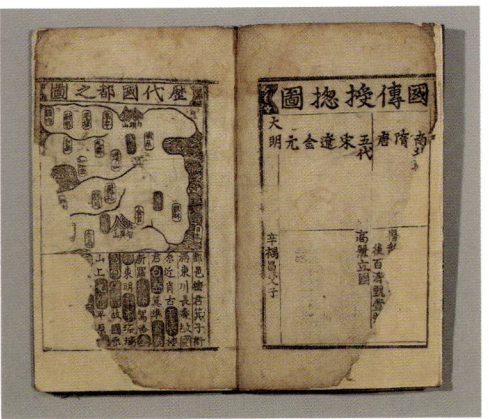

으로 추정)을 직접 공격했단다. 그러나 고려군에게 패하였지. 그리고 이듬해에 다시 대규모 군사를 이끌고 조물성을 공격했어. 왕건도 친히 정예군을 이끌고 후백제군과 맞서 싸웠지.

싸움은 좀처럼 결판이 나지 않았어. 두 나라는 결국 인질을 교환하고 휴전에 들어갔지. 그런데 6개월 후 후백제에서 인질로 보낸 견훤의 처조카 진호가 갑자기 병으로 죽어 버렸어.

견훤은 진호가 독살됐다는 의심을 품었어. 그러고는 고려의 인질인 왕건의 사촌 왕신을 죽이고 고려를 공격했단다(927년).

후백제의 세력이 강해지는 것을 바라지 않았던 신라는 고려를 돕기 위해 구원병을 보냈지. 견훤은 격분해서 이번에는 신라를 공격했어. 후백제군은 근품성(지금의 상주)과 고을부(지금의 영천)를 휩쓸고 금성(지금의 경주)으로 진격해 들어갔어. 그래서 포석정에서 연회를 베풀고 있었던 경애왕을 죽음에 이르게 했단다. 경애왕의 최후는 애처롭고 비참했어. 견훤의 강요로 스스로 목숨을 끊어야 했으니까.

경애왕을 죽인 견훤은 왕의 사촌 동생인 김부를 왕으로 내세웠어. 그가 바로 신라의 마지막 왕인 경순왕이야.

견훤이 금성을 짓밟았다는 소식을 들은 왕건은 신라를 구하기 위해 급히 군사 5천 명을 거느리고 신라로 향했어. 그러나 견훤군의 함정에 빠져 포위되고 말았어.

왕건의 신변이 위태로워지자, 신숭겸은 왕건에게 자기의 옷을 바꿔 입고 탈출하라고 권했어. 왕건은 신숭겸과 옷을 바꿔 입어서 가까스로 포위망을 벗어났지만, 신숭겸은 그 전투에서

김제 금산사 미륵전
(국보 62)
금산사는 백제에서 처음 지었어. 이후 통일 신라 때와 조선 시대에 다시 지었단다. 견훤은 아들 신검에 의해 금산사에 갇혀 있었어. 그러나 오래지 않아 금산사에서 도망쳤고, 왕건에게로 가 극진한 대접을 받았어.

목숨을 잃고 말았지.

견훤은 예전의 덕진포 전투에서 쪽배를 타고 도망쳐 겨우 목숨을 구했던 앙갚음을 한 거였어. 이 전투가 바로 그 유명한 '공산 대전'이란다(927년). 견훤은 공산 대전의 승리로 경상도 서부 지역을 자신의 세력권 안에 넣게 됐지.

왕건, 후삼국을 통일하다

공산 대전에서 크게 패한 왕건은 힘을 기르며 때를 기다리다, 2년 뒤에 후백제군과 다시 크게 맞붙는단다. 바로 고창 전투야. 929년부터 이듬해까지 계속된 이 전투에서 견훤은 군사 8천여 명을 잃고 크게 패하고 말았지. 그 후 견훤은 주도권을 되찾기 위해 고려의 서해안 지역을 공격했지만 고려의 명장 유금필에게 계속 패했단다.

하지만 견훤은 물러서지 않고 다시 개성 해안(예성강 하구)을 공격했어(932년 9월). 그리고 정박해 있었던 고려 전함 1백여 척을 파괴했지.

의기양양해진 견훤은 같은 해 10월, 고려 북방의 섬 대우도를 공격했어. 유금필이 가까스로 후백제군을 물리치기는 했지만 고려도 매우 큰 피해를 입었지.

또 934년 9월에는 왕건이 운주에 주둔하고 있다는 정보를 입수하고 직접 군사를 이끌고 나가 운주성을 공격했단다. 그러나

● 고창 전투와 차전놀이

차전놀이는 경상북도 고창(안동) 지방에 전해 내려오는 민속놀이야. 이 놀이는 후백제의 견훤과 고려의 왕건이 벌였던 전투에서 유래한다고 전해지고 있어.

견훤이 고창 지방으로 진격해 왔을 때였단다. 지렁이와 관련된 견훤의 출생 비밀을 안 고창 사람들이 지렁이가 무서워하는 소금을 낙동강에 풀고 견훤을 강물에 떠밀어 넣었대. 거기에서 팔짱을 낀 채 어깨로만 상대편을 밀어내는 차전놀이가 유래했다는 거야.

또 견훤이 쳐들어왔을 때 이 고을 사람들이 짐수레와 같은 수레 여러 개를 만들어 타고 이를 격파한 데에서 비롯된 놀이라는 이야기도 있어.

차전놀이는 다른 말로 '동채싸움'이라고도 해.

'동채'는 바퀴를 뜻하는 말이야. 길이 10미터쯤 되는 참나무 두 개를 X 자로 묶고 가운데에 판자를 얹어. 그런 다음 그 위에서 대장이 놀이를 지휘하는 거야.

동채꾼은 대장, 머리꾼, 앞채꾼, 뒤채꾼, 놀이꾼으로 이루어져 있어. 5백여 명의 청장년이 동서로 갈리어 승부를 겨루지. 전진할 때는 상대방을 제압하기 위하여 동채를 높이 들고, 후퇴할 때는 동채를 낮춰.

놀이를 지휘하던 대장이 동채에서 떨어져도 결정적인 순간만 아니라면 다시 동채에 오를 기회를 준다고 해. 또 머리꾼이 넘어져도 양편이 후퇴해서 쓰러진 사람을 보호한단다.

어때, 아주 신사적인 놀이지? 이렇게 공방을 벌이다, 어느 한편의 동채가 땅에 닿거나 동채를 빼앗기면 승부가 나는 거야. 안동 차전놀이는 중요 무형 문화재 제24호로 지정되어 있단다.

익산 왕궁리 오층석탑 사리장엄구—금동불입상

(국보 123-4)

1965년, 국보 제289호인 익산 왕궁리 오층석탑을 수리할 때였어. 탑을 열고 안을 보니 유물로 가득한 거야. 이 금동불입상도 그때 발견되었지. 발견한 곳이 후백제의 영토였던 익산이기 때문에, 어느 시대에 만들었는지 의견이 분분하단다.

성에 이르기 전에 유금필의 선제공격을 받아 후백제군은 크게 패했어.

운주성 전투의 패패로 견훤은 웅진 이북의 성 30여 개를 잃고 말았어. 또 견훤의 여러 신하와 장수 들이 왕건에게 항복해서 후백제의 힘이 크게 약해졌지. 엎친 데 덮쳐 왕위 계승을 둘러싸고 집안싸움까지 벌어졌단다.

견훤은 여러 아내를 거느리고 아들 열 명을 두었어. 그중 넷째 아들 금강을 특별히 사랑해서 왕위를 물려주려고 했지. 그러자 맏아들 신검이 불만을 품고 반란을 일으켰어. 신검은 이찬 능환의 도움으로 둘째 양검, 셋째 용검과 모의해 금강을 죽였어. 그러고는 아버지 견훤을 김제의 금산사로 유배하고 자신이 왕의 자리에 올랐어.

석 달 후, 견훤은 갇혀 있던 금산사를 탈출해 나주로 갔어. 그리고 왕건에게 도움을 청했지. 왕건은 한때 강력한 적이었던 견훤을 기꺼이 받아들이고 '상부'로 모시며 극진하게 대접했어. 상부는 '존경하는 아버지'라는 뜻이야.

한편 이 소식을 들은 신라의 경순왕은 화백 회의를 열고 중대한 결단을 내렸단다. 기울 대로 기운 나라의 운명을 더 이상 바로잡을 수 없다고 판단하고, 고려에 투항하기로 결정한 거야. 천 년을 이어온 신라는 그렇게 운명을 다했어(935년).

왕건은 맏딸 낙랑 공주를 경순왕과 결혼시키고 벼슬을 주어 경주를 다스리게 했지. 이제 경주는 신라의 도읍이 아니라 고려의 한 지방이 되었단다.

이제 남은 것은 고려와 후백제였어. 두 나라의 대결은 더 이상 피할 수 없는 상황이 되었지. 견훤이 왕건에게 반역한 자식들을 처벌해 달라고 청했던 거야.

왕건은 친히 8만 7천5백 명의 군사를 이끌고 후백제 정벌에 나섰어. 그 대열에는 견훤도 함께하고 있었지.

두 나라 군대는 선산 부근의 일리천에서 맞붙었단다.

후백제군은 크게 패했고, 신검은 황산군으로 도망쳤어. 고려군은 뒤쫓아 가 그를 잡아 항복을 받아 냈지. 마침내 왕건이 후삼국을 통일한 거야(936년).

견훤은 신검을 죽이려고 했지만, 왕건은 항복한 자를 죽일 수 없다며 살려 주었어. 분을 이기지 못한 견훤은 황산군 인근의 절로 들어가 그곳에서 병으로 쓸쓸하게 생애를 마감했어.

1. 고려의 건국과 후삼국 통일 | 25

제도를 정비하고
왕권을 강화하다

태조 왕건은 고려의 왕이 되었지만 '왕의 힘'을 강력하게 쓸 수 없었어. 왕보다 힘센 지방 세력, 곧 호족이 많았거든. 이들을 화나게 했다가는 왕권이 흔들릴 수도 있었어. 태조는 이들에게 관직과 토지를 주어 달래는 한편, 왕권을 다지기 위한 정책을 펼쳐 나갔지. 고려는 차츰 안정되어 갔어. 그리고 광종과 성종이 왕위에 오르면서 비로소 국가의 면모를 갖추기 시작했단다.

제도를 정비하고 왕권을 강화하다

왕건이 힘쓴 중요 정책 | 왕권 강화를 위한 정책 | 성종, 중앙 집권 체제의 틀을 갖추다

왕건이 힘쓴 중요 정책

후삼국을 통일한 왕건은 나라의 바탕을 튼튼히 하고 왕권을 다지기 위해 여러 가지 정책을 펼쳤어. '융화 정책' '숭불 정책' '북진 정책' 이 세 가지가 왕건이 힘을 기울여 실천한 정책이었단다. 바꿔 말하면 왕건의 건국 이념이라고 할까?

먼저 왕건은 통일에 공을 세운 호족에게 관직과 벼슬을 내리고, '사심관 제도'를 설치했어. 사심관 제도란 중앙의 고위 관리가 된 사람을 출신 지역의 사심관으로 임명해서, 그 지역을 책임지고 다스리게 했던 제도야. 왕건이 처음 사심관으로 임명한 인물은 김부(신라의 경순왕)였지. 김부는 경상도의 사심관이 되었어.

왕건은 '기인 제도'도 실시했어. 기인 제도는 호족의 아들을 도읍, 곧 개경(개성)에 머물게 하는 제도야. 호족은 중앙의 관리로 등용되기도 했지만, 그러지 못한 경우가 더 많았지. 관리에 임명되지 못한 호족은 불만을 가지지 않겠니? 그래서 그 불만을 다독이기 위해 호족의 아들을 도읍으로 올라와 머물게 하면서 교육시키고, 유능한 사람은 관리로 등용했던 거야.

또 기인 제도에는 호족을 견제하기 위한 목적도 있었어. 아들이 도읍에 머물고 있으면, 호족이 지방에서 세력을 키워 중앙 정부에 반기를 들기 어렵지 않겠니?

이처럼 끌어안기와 견제를 아울러 했던 왕건의 정책을 융화 정책이라고 해.

숭불 정책은 불교를 숭상해서 민심을 안정시키려 했던 정책이야. 왕건은 여러 곳에 절을 세워 불교를 장려했어. 부처님의 힘으로 왕실과 나라가 평안하고, 외적의 침입으로부터 나라를 지킬 수 있기를 바랐기 때문이지.

또 연등회와 팔관회 같은 행사도 크게 장려했어. 연등회는 등불을 밝혀 부처님 오신 날을 축하하는 행사고, 팔관회는 우리 민족 고유의 민속 신앙과 부처님을 한자리에 모아 축하했던 행사지. 그러니까 왕건의 숭불 정책에는 불교는 물론 우리 민족의 전통적인 고유

● 연등회와 팔관회

연등회와 팔관회는 고려 사람들에게 가장 큰 축제였어. 고려 사람들은 명절날을 기다리듯 이날을 손꼽아 기다렸지.

연등회는 등불을 밝혀 석가의 탄신을 축하하는 의식으로 매년 정월 대보름에 열렸어. 오늘날에는 석가 탄신일인 음력 4월 8일에 열리지. 불교에서는 어둠을 밝혀 주는 등불을 '세상을 밝히는 지혜'에 비유했어. 그래서 부처님 앞에 불을 밝히는 연등을 매우 중요하게 여겼단다.

팔관회는 우리 민족의 고유 민속 신앙인 하늘 신, 산신, 강신, 용신(바다 신)과 부처님을 한자리에 모아 기리는 축제였어. 팔관회 때는 송나라와 거란, 여진 등 다른 나라의 상인들도 찾아와서 축하했지. 매년 음력 11월 5일에 열렸는데, 연등회와 달리 오늘날에는 열리지 않고 있어.

**경주 분황사의
석가 탄신일 연등**

분황사는 신라 선덕 여왕 때 지은 절이야. 석가모니의 탄신일이면 불을 켜고 복을 비는 연등회를 열었던 곳이기도 해. 연등회는 신라 때 비롯되었는데, 고려 태조 때부터 정월 대보름에 행하다가 현종 때부터 2월 보름날로 바뀌었단다.

신앙도 함께 존중했다는 의미가 포함되어 있어.

 왕건은 '고려는 고구려의 뒤를 이은 나라'라는 생각으로 건국 초기부터 북진 정책을 펼쳤어. 고구려의 옛 땅을 되찾겠다는 생각에서 말이야. 그래서 고구려의 도읍이었던 평양을 '서경'이라고 하여 제2의 도읍으로 삼고, 북진 정책의 전진 기지로 삼으려 했지. 또 유금필을 보내 함경북도 지역의 여진을 평정했어.

 고구려를 이어받아 만주의 주인이 되었던 발해가 멸망한 후

에는 그 유민을 적극적으로 받아들였지. 그리고 발해를 멸망시킨 거란과는 교류를 끊었어.

○ 훈요십조

훈요 1조. 우리나라를 일으킨 것은 부처님의 보호에 힘입은 것이니, 불교를 숭상하고 사원(절)이 잘못을 저지르면 엄하게 다스리라.

훈요 2조. 도선이 터를 잡아 준 곳 이외에는 함부로 사원을 짓는 것을 경계하라.

훈요 3조. 맏아들이 왕위를 계승하되, 어질지 못하면 여러 사람이 추대하는 덕 있고 믿을 만한 아들이 왕위를 이어받도록 하라.

훈요 4조. 우리의 풍습을 당나라의 풍습에 억지로 맞출 필요는 없으며, 거란의 풍습은 아예 본받지 마라.

훈요 5조. 서경은 우리나라 지맥의 근본이 되니, 국왕은 마땅히 1백 일 이상 서경에 머물러 왕실의 안녕을 도모하라.

훈요 6조. 연등회와 팔관회를 소홀히 하지 말고 지금과 같이 시행하라.

훈요 7조. 간언(신하가 왕에게 하는 충고)을 따르고, 참소(남을 헐뜯어서 잘못이나 죄를 거짓으로 고해바치는 일)를 멀리하며, 백성을 부리되 때를 가려 하고, 부역과 세금을 가볍게 하여 백성의 신망을 얻도록 노력하라.

훈요 8조. 소백산맥 이남의 지방은 산세가 거꾸로 달려 역모의 기상을 품고 있으니, 그 지역 사람을 중히 쓰지 마라.

훈요 9조. 관료의 녹봉은 제도에 따라 마련했으니 함부로 증감하지 말고, 평화 시에도 군대를 양성하는 일에 힘써라.

훈요 10조. 경전과 역사책을 널리 읽어, 옛일을 거울삼아 오늘의 교훈으로 삼아라.

〈훈요십조〉는 '중심장지'라는 네 글자로 마무리를 짓고 있어. 중심장지는 '마음속에 이를 간직하라.'는 뜻이란다.

왕건이 힘써 펼친 여러 가지 정책으로 건국 초기의 혼란스러웠던 고려는 점점 안정되고 나라의 바탕을 갖춰 나갔어. 그리고 세월도 흘러갔단다.

왕건이 나라를 세운 지 어느덧 25년의 세월이 흐른 943년 봄이었어. 태조 왕건의 나이도 이제 67세가 되었지.

왕건은 아파서 자리에 눕게 되었고, 자신의 생애가 얼마 남지 않았다는 것을 느꼈어. 그래서 측근을 불러 〈훈요십조〉를 남겼어. 〈훈요십조〉는 왕건이 자기 뒤를 이어 고려를 다스릴 왕이 지켜야 할 열 가지 덕목에 대해서 이야기한 거야.

왕권 강화를 위한 정책

태조 왕건이 죽은 후 고려는 한동안 나라가 어지러웠단다. 여러 왕자와 외척(왕비의 친척) 사이에 왕권 다툼이 벌어지고, 큰 세력을 가진 지방 호족까지 왕권을 넘봤기 때문이야.

왕건의 맏아들 혜종은 왕건을 뒤이어 왕이 되었지만 왕권 위협에 시달리다 병을 얻어 죽고 말았어. 왕이 된 지 2년 4개월 만이었지.

혜종이 왕의 자리를 이을 왕자를 정하지 않고 죽자 왕권 다툼은 더욱 치열해졌어. 왕의 자리를 이어받은 사람은 왕건의 둘째 아들인 정종이었단다.

정종이 즉위하자 경기도 광주의 대호족 왕규가 반란을 일으켰어. 자기 외손자를 왕의 자리에 앉히기 위해서였지.

왕규는 앞서 이미 혜종을 두 차례나 살해하려 했을 정도로 왕권에 대한 욕심이 컸어. 혜종은 그런 사실을 알고 있었지만 왕규를 처벌하지 못했어. 왕규의 군사력이 그만큼 강한 데 반해 왕권은 약했기 때문이야.

정종은 혜종과 달리 즉시 군사를 출동시키고 왕규의 난을 진압했어. 그리고 왕규를 돕던 무리 3백여 명을 모두 처형했지. 그 후 왕권을 넘보는 세력은 어느 정도 뜸해졌단다.

왕권 다툼을 보고 자란 4대 광종은 왕이 되자 곧 대대적인 왕권 강화에 나섰어. 먼저 '노비안검법'을 실시했지(956년).

노비안검법은 호족이 불법으로 소유하고 있는 노비를 조사해서 본래의 신분인 양인으로 되돌아갈 수 있게 해 준 제도야. 당시는 노동력이 가장 큰 재산이었기 때문에 중요한 재산인 노동력(노비)을 잃게 된 호족은 경제적·군사적으로 큰 타격을 입고 세력도 약해졌어.

광종은 또 중국에서 귀화한 쌍기의 의

서울 홍제동 오층석탑
(보물 166)
고려 정종 때 창건한 사현사 절터에 있던 탑이야. 지금은 국립중앙박물관에서 볼 수 있지. 고려 시대에는 이 오층석탑뿐 아니라 절, 탑, 석등, 불화 등 불교와 관련된 우수한 예술품을 많이 만들었어.

채인범 묘지명
채인범은 원래 중국 송나라 사람이었어. 사신을 따라 고려에 왔다가 아예 귀화하여 고려의 관리로 일했지. 채인범을 보면 당시 왕이었던 광종이 우수한 인재를 얼마나 두루 썼는지 알 수 있단다.

견을 받아들여 과거 제도를 실시했단다(958년). 과거는 한문 문장을 쓰는 능력과 유교에 대한 지식 등 학문 수준을 시험 봐서 관리를 뽑는 제도야. 그때까지는 지위가 높은 관리(주로 호족)의 추천을 받아 나랏일을 맡길 인물을 뽑았지. 그러다 보니 관리가 되려면 신분이 높은 집안 출신이어야 했어. 하지만 이제 과거에만 합격하면 누구나 관리가 될 수 있게 된 거야.

높은 학문적 지식을 갖추고 과거에 합격해서 관리가 된 사람들은 왕에게 충성을 다했어. 과거 시험을 통해 여러 새로운 세력이 등장하면서, 호족 출신 관리들은 자연스럽게 세력이 약해지고 왕권은 강화되었지.

광종은 그 밖에도 관리의 공복을 새로 제정해서 관복 색에 따

묘향산 보현사
보현사는 북한의 평안북도 묘향산에 있는 절이야. 968년 고려 광종 때 세웠어. 처음에는 작은 절로 시작했지만, 고려 시대에 여러 차례 확장해 아주 큰 절이 되었지. 또 고려의 여러 왕이 직접 행차했던 절이기도 했어.

라 관직의 높고 낮음을 분명하게 했어. 공복은 관리가 조정에 나갈 때 입었던 옷을 말해. 그러니까 입고 있는 공복의 색깔만 봐도 지위의 높고 낮음을 금방 알 수 있게 된 거지.

광종에 이어 왕이 된 경종은 '전시과'라는 토지 제도를 만들어서 과거 제도를 경제적으로 뒷받침했단다.

전시과는 관직의 높고 낮음에 따라 '전지'와 '시지'를 나눠 주는 제도야. 전지는 곡물을 수확할 수 있는 토지, 시지는 땔감을 얻을 수 있는 땅을 말해. 그런데 나눠 준다는 것이 땅 자체를 준다는 뜻은 아냐. 그곳의 생산물에 대해 나라를 대신해 세금을

● 과거, 음서 그리고 공음전

고려 시대에 벼슬하는 방법은 크게 두 가지가 있었어. 과거 제도와 '음서'라는 제도였지. 광종 때 처음 생긴 과거 제도는 학문을 갈고닦아 과거에 합격해서 관리가 되는 길을 열어 줬어. 그런데 그 후 '음서'라는 제도가 새로 생긴 거야.

음서 제도는 시험을 치러 관리가 되는 것이 아니라, 높은 신분 덕분에 관리가 될 수 있는 제도였어. 음서를 통해 관리가 되려면 왕족이거나 나라를 위해 공을 세운 사람의 자손 또는 5품 이상 고위 관리의 자손이어야 했지. 능력과 관계없이 조상만 잘 두면 벼슬을 할 수 있었다는 이야기야.

음서로 벼슬을 했다고 해서 승진에 불이익이 있었던 것도 아냐. 고위 관리는 음서 제도를 통해 대대로 권세를 이어 갈 수 있었지. 음서는 성종 후기부터 제도화되기 시작했어.

또 고위 관리에게는 '공음전'이라는 것도 주었어. 전지와 시지는 수조권만 있었던 데 반해, 공음전은 대대로 물려줄 수 있는 토지였어.

음서와 공음전은 고려가 귀족 중심의 사회였다는 것을 잘 말해 주는 제도지.

거둘 수 있는 권리를 주는 거였지. 이것을 '수조권'이라고 한단다. 수조권은 그것을 받은 관리가 벼슬을 그만두거나 죽으면 자식에게 물려주지 못하고 나라에 돌려주는 것이 원칙이었어.

성종, 중앙 집권 체제의 틀을 갖추다

고려는 제6대 성종 때 이르러 비로소 왕권이 안정되고 중앙 집권 체제의 틀을 갖추게 됐어. 왕건이 후삼국을 통일한 후 40여 년이 지나서야.

성종의 여러 가지 개혁은 최승로의 〈시무책 28조〉가 바탕이 되었어. 성종은 왕이 된 후 신하들에게 '역대 왕조의 잘잘못을 논하는 상소문을 올리라.'는 칙령(왕의 명령)을 내렸는데, 최승로가 올린 〈시무책 28조〉가 가장 마음에 들었던 거야.

〈시무책 28조〉에는 유교 이념에 바탕을 둔 스물여덟 가지 개혁안이 들어 있었어. 최승로는 자신이 모셨던 다섯 왕의 정치를 평가했지. 그런 다음 바람직한 왕의 모습은 어떤 것이고, 앞으로 어떻게 나라를 다스려야 할 것인지 이야기했어.

최승로는 신라의 6두품 출신으로, 신라가 멸망하자 아버지와 함께 고려로 온 인물이야. 그는 문장력과 학식이 뛰어나 1대 태조부터 6대 성종까지 여섯 왕을 모셨지. 성종은 최승로

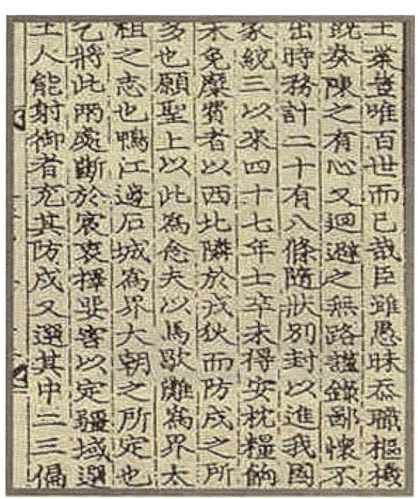

최승로의 〈시무책 28조〉
최승로는 고려 초기를 대표하는 문신 가운데 한 명이자 대표적인 유학자야. 〈시무책 28조〉는 최승로의 정치적인 의견뿐 아니라 이 시기의 역사를 연구하는 데 중요한 자료가 되고 있어.

● 최승로의 〈시무책 28조〉

〈시무책 28조〉는 '지금 해야 할 일 스물여덟 가지'라는 뜻이야. 성종은 최승로가 〈시무책 28조〉에서 건의한 내용을 대부분 받아들여 실행에 옮겼어. 그러나 스물여덟 개 내용 가운데 지금 전하는 것은 스물두 개뿐이란다.

- 국방에 관심을 가져야 한다.
- 불교의 폐단이 많으므로 이를 바로잡아야 한다.
- 왕을 호위하는 군졸을 줄여야 한다.
- 상벌의 구별과 선악의 구분을 잘하여야 한다.
- 밀수를 없애야 한다.
- 승려의 고리 이자 놀이를 금해야 한다.
- 지방 호족의 횡포를 막아야 한다.
- 승려의 횡포를 막아야 한다.
- 관리의 의복과 백성의 의복은 서로 달라야 한다.
- 승려가 역관에 유숙하지 못하도록 해야 한다.
- 왕과 신하, 부모와 자식 사이의 도리는 중국 것을 따른다.
- 연등회와 팔관회 같은 국가의 큰 행사는 백성의 부담이 크므로 삼간다.
- 불교보다 유교를 나라 다스리는 바탕 이념으로 삼는다.
- 궁중의 비용을 줄여야 한다.
- 부호를 견제해야 한다.
- 섬사람의 공역을 줄여야 한다.
- 왕은 교만하지 말아야 하며, 아랫사람에게 공손히 대해야 한다.
- 불경과 불상을 사치스럽게 치장하지 못하도록 한다.
- 관리 선발은 공정하게 한다.
- 개국 공신의 후손을 널리 관리에 등용하도록 한다.
- 미신을 막아야 한다.
- 양인과 천인의 구별을 분명하게 해서 아랫사람이 윗사람을 모욕하지 못하게 한다.

- 서경
- 황주목
- 해주목
- 개경
- 양주목
- 광주목
- 충주목
- 청주목
- 상주목
- 공주목
- 전주목
- 동경
- 나주목
- 진주목
- 승주목
- 탐라

• 고려의 12목

가 〈시무책 28조〉에서 건의한 개혁안을 대부분 받아들여 실행에 옮겼어. 이 개혁안을 통해 성종은 유교를 근본적인 통치 이념(나라를 다스리는 바탕 사상)으로 삼고, 왕권의 강화와 백성의 생활 안정을 위해 여러 가지 제도를 정비했어.

먼저 '2성 6부'와 '중추원'이 중심인 중앙 관제를 정비하고, 지방 관제로는 '12목'을 설치했어. 고려 초기에는 각 지역의 호족 세력이 여전히 강해서, 지방관을 파견하지 않고 호족이 자기 지역을 다스리도록 맡겨 두었지. 그러다 보니 중앙 정부의 힘이 지방에 제대로 미치지 못했어. 그래서 주요 지역에 12목을 설치하고 지방관을 파견해서, 지방에 대한 중앙 정부의 지배력을 높였던 것이란다.

또한 백성을 보호하기 위해 '상평창'을 두었어. 풍년이 들어 곡식값이 떨어지면 곡식을 사 두었다가, 흉년에 곡식값이 오르면 곡식을 풀어 가격을 조정했어. 또 '의창'은 보릿고개 때 나라에서 곡식을 빌려주었다가 추수 후에 돌려받는 제도였어.

성종은 교육 제도도 정비했어. 중앙에는 국자감을 설치하고 지방에는 향교를 세웠지.

국자감은 지금의 국립 대학에 해당하는 곳으로, 유학부와 기술학부로 나뉘어 있었어. 유학부에는 7품 이상 관리의 자제가 다녔지. 유학 교육을 중심으로 관리가 될 인재를 기르는 것이 목적이었어. 국자감에서 공부하는 학생의 최종 목표는 과거 시험에 합격하는 것이었지. 기술학부에는 8품 이하 관리의 자제와 평민이 다녔어.

지방에 세운 향교에는 경학박사를 파견해서 유학 교육을 장려했단다. 경학박사는 유교에 학식이 깊은 선생님을 가리키는 말이야.

이와 같은 교육 제도를 통해 유교적 학문을 갖춘 인재가 양성되고 그들이 관리로 등용되면서, 고려는 유교 정치의 전통을 확립하게 되었어. 그리고 골품제에 묶여 있던 신라보다 개인의 능력을 중요하게 여기는 개방적인 사회로 나가게 되었지.

성종 때는 우리나라에서 처음으로 화폐를 만들기도 했어(996년). '건원중보'라는 동전이야. 그러나 건원중보는 널리 사용되지 못했어. 당시의 경제생활은 농업 중심의 자급자족 단계여서 화폐가 필요할 만큼 상공업이 발달하지 못했거든. 또 쌀이나 옷감 등으로 물건을 사고파는 데 익숙했던 사람들이 화폐 사용을 꺼렸던 것도 건원중보가 널리 사용되지 못한 이유의 하나라고 할 수 있어.

해동통보
건원중보는 우리나라 최초의 쇠돈이었지만 당시의 여러 사정상 오래 사용되지는 못했어. 해동통보는 그보다 뒤인 1102년에 만든 엽전이야. 고려 조정은 해동통보를 널리 퍼뜨리고자 관리들의 녹봉을 해동통보로 지급했어. 또 도읍 개경에서는 가게에서 해동통보를 쓰라고 권했단다.

● 고려의 통치 제도(국가를 운영하기 위해 필요한 조직)

● 정치 제도: 2성 6부

성종은 중앙 정치 기구를 정비하면서, 당나라의 3성 6부제를 참고하여 고려의 실정에 맞는 '2성 6부'를 두었어.

2성은 중서문하성과 상서성을 말해. 중서문하성은 국정을 총괄하며, 정책을 결정하고 의논하는 최고 정치 기구야. 상서성은 밑에 6부를 두고 각 분야별로 실제 정책을 집행했던 곳이지.

중추원은 왕의 비서 기관으로, 군사 기밀과 왕명의 출납(왕의 명을 받아 각 부서에 지시하는 일)을 담당했던 곳이야.

도병마사라는 회의 기구도 있었어. 중서문하성과 중추원의 고관이 모여, 국방 문제를 비롯한 국가의 중요 정책을 결정했던 곳이지.

그리고 식목도감은 나라 안의 여러 문제를 처리하는 곳이었어.

또 정치의 잘잘못을 가리고 관리의 비리를 감찰하는 일을 하게 했던 어사대, 회계를 맡은 삼사를 두었어.

● 지방 행정 제도: 5도 양계

성종 때 지방에 12목을 설치했다는 이야기는 했지. 그 후 고려의 지방 행정 조직은 '5도 양계'로 개편됐어. 12목이 호족의 세력을 누르기 위해 설치한 것이었다면, 5도 양계는 세월이 흐르고 나라가 안정되자 지방을 보다 효율적으로 다스리기 위해 지방 행정 조직을 정비한 거였어.

5도는 일반 행정 구역으로 전국을 다섯 구역으로 나눈 거야. 그 아래에 주·군·현을 설치해서 백성을 다스렸어. 주와 군에는 지방관을 파견했지만, 현에는 지방관이 있는 곳보다 없는 곳이 더 많았지. 없는 곳은 주 지방관의 관할 아래 지방 호족이 향리가 되어 모든 행정 업무를 담당했어.

양계는 군사 행정 구역으로, 북쪽 국경 지대에 동계와 북계를 설치했어. 양계에는 각각 병마사를 파견하고, 군사적으로 중요한 지역에는 진을 설치해서 적의 침입에 대비했단다.

● 군사 제도: 2군 6위

군사 조직은 중앙군과 지방군으로 나누어 운영했어. 중앙군은 왕의 친위 부대인 2군과 도읍과 국경을 방어하는 6위로 구성되었지. 지방군은 5도의 각 군현을 지키는 주현군과 양계에서 국경을 지키는 주진군으로 구성되어 있었고. 2군 6위의 중앙군은 일종의 직업 군인으로 '군인전'을 보수로 받았어. 그리고 주현군과 주진군은 일반 백성으로 이루어진 군대야. 일반 백성 남자는 16세가 되면 주현군이나 주진군에 들어가 군역을 치러야 하는 의무가 있었지.

고려의 5도 양계

향리들이 정두사 오층석탑을 세운 과정을 기록한 문서 고려의 향리들은 할 일이 무척 많았어. 마을에 큰일이 있으면 그 과정을 기록하는 것도 모두 향리의 일이었단다. 이 문서에는 고려 시대에 경상북도 상주의 정도사 오층석탑을 건축했던 과정이 담겨 있어. 이 같은 문서도 모두 향리가 직접 기록하였지.

3

거란과의 대결과 여진 정벌

고려가 나라의 기틀을 다질 무렵, 북쪽에서는 거란이 세력을 키웠어. 거란은 발해를 멸망시키고 요나라를 세웠지. 중국에는 송나라가 들어섰고. 고려, 거란, 송나라, 이렇게 세 나라가 동북아시아의 중심이 된 거였어. 그러나 고려는 곧 거란의 침입을 받게 된단다. 고려가 이 위기를 어떻게 극복해 갔는지 살펴보자꾸나.

3 거란과의 대결과 여진 정벌

거란의 1차 침입과 서희의 활약 | 강조의 난과 거란의 2차 침입 | 거란의 3차 침입과 귀주 대첩 | 별무반 설치와 여진 정벌

거란의 1차 침입과 서희의 활약

왕건이 고려를 건국한 것보다 2년 앞선 916년이었어. 거란 추장 야율아보기가 왕위에 오르고는 거란국을 세웠지. 그 후 926년에는 발해를 멸망시키고 그 땅을 차지하더니, 점점 세력이 커

요나라의 화엄사
중국 산시성에는 '화엄사'란 절이 있어. 1038년에 요나라에서 지은 절이지. 지금은 요나라 때 지은 건물이 몇 남아 있지 않기 때문에 역사적으로도 매우 중요해.

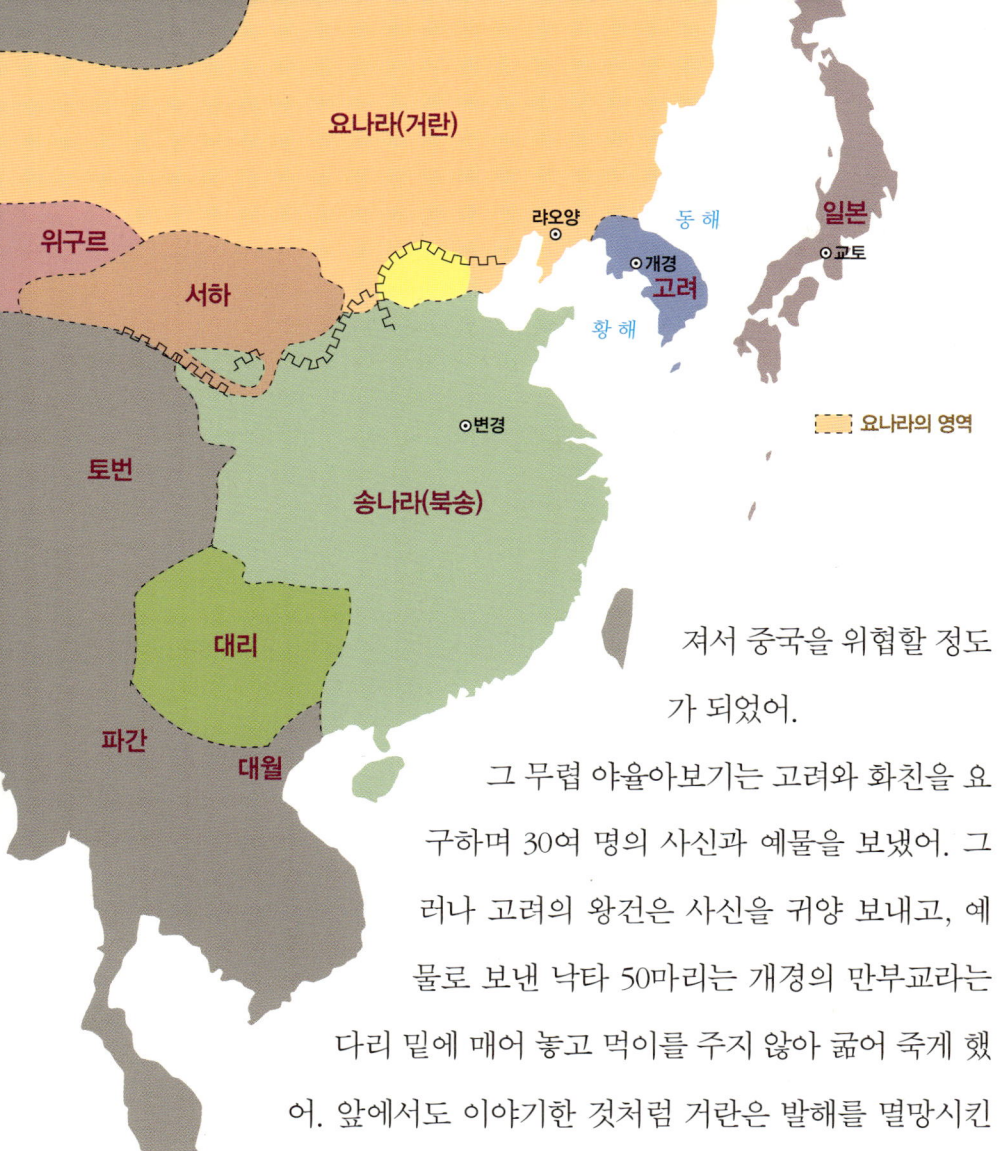

져서 중국을 위협할 정도가 되었어.

그 무렵 야율아보기는 고려와 화친을 요구하며 30여 명의 사신과 예물을 보냈어. 그러나 고려의 왕건은 사신을 귀양 보내고, 예물로 보낸 낙타 50마리는 개경의 만부교라는 다리 밑에 매어 놓고 먹이를 주지 않아 굶어 죽게 했어. 앞에서도 이야기한 것처럼 거란은 발해를 멸망시킨 나라이기 때문에, 왕건은 거란과 가까이 지내기를 바라지 않았던 거야.

그 후 거란은 점점 세력이 커지고 946년에는 이름도 '요나라'로 바꿨어. 그리고 얼마 후에는 중국에 '송나라(북송)'가 새로이 들어섰지(960년). 고려는 요나라를 멀리했지만 송나라와는 외교 관계를 맺었어.

잔뜩 힘이 커진 거란(요나라)이 그런 고려를 그냥 보고 있을 리 없었지. 더욱이 거란은 송나라를 쳐서 중국 전체를 차지할 야심

3. 거란과의 대결과 여진 정벌

이 있었거든.

　거란은 송나라를 치기 위해서는 먼저 송나라와 군사적으로 한편이 될 수 있는 고려를 굴복시킬 필요가 있다고 생각했어. 그래서 993년부터 1019년까지 세 차례나 고려에 침입했단다.

　그럼 서희가 활약한 거란의 1차 침입에 대해 먼저 알아볼까?
　993년 거란이 침입했을 때 고려는 맞설 준비가 되어 있지 못했어. 정종 때 '광군'이라는 부대를 만들어 거란의 침입에 대비했지만, 그 후에는 국방 문제에 관심을 덜 가졌던 거야.
　80만 대군을 이끌고 압록강을 건너온 소손녕은 고려에 항복을 요구했어. 소손녕은 거란 왕의 사위이기도 해.
　거란의 대군에 겁을 먹은 대부분의 고려 조정 대신은 거란이

서희장군묘
경기도 여주시에 있는 서희의 무덤이야. 서희는 거란의 소손녕을 담판으로 물리치고 여진을 토벌하여 강동 6주를 확보한 주인공이지. 그의 무덤 옆에는 부인 무덤이 나란히 쌍분을 이루고 있어.

원하는 대로 서경 이북 땅을 떼어 주고, 거란과 화친을 맺자고 했어. 그때 서희가 나섰어.

서희는 거란의 침입이 고려를 송두리째 차지하기 위한 것은 아니라고 생각했지. 그보다는 송나라와 관계를 끊게 하려는 데 목적이 있다고 생각했어. 그때 거란은 송나라와 대치 중이어서 고려와의 전쟁에 온 힘을 쏟을 형편이 못 되었거든.

이런 상황을 모두 판단한 서희는 적장 소손녕을 만나 담판을 짓겠다고 생각한 거야. 당시 왕이었던 성종도 서희의 뜻을 받아들이고 일이 잘되도록 격려해 주었어.

서희가 적진에 도착하자, 소손녕은 뜰에서 무릎을 꿇고 엎드려 절하라고 요구했어.

"뜰에서 절을 하는 것은 신하가 왕을 만날 때나 하는 일이지, 양국 대신끼리 만나는 자리에서 그런 요구를 하는 것은 있을 수 없는 일이오."

서희가 당당하게 말하자 소손녕은 더 이상 무리한 요구를 하지 못했지.

두 사람이 마주 앉자 소손녕이 먼저 입을 열었어.

"고려는 신라에서 일어난 나라고, 옛 고구려 땅은 이미 요나라의 영토가 되었소. 그런데 어찌해서 자꾸 우리 영토인 옛 고구려 땅을 넘보는 것이오. 또 국경을 맞댄 요나라를 멀리하고 바다 건너 송나라를 섬기는 까닭은 무엇이오? 그러니 우리가 어찌 군사를 일으키지 않겠소?"

거란의 1차 침입과 강동 6주

→ 거란의 침입로
• 강동 6주

서희가 대답했어.

"고려는 신라가 아닌 고구려를 이어받은 나라요. 그래서 나라 이름도 고려라고 하지 않았소. 땅의 주인을 따지자면 요나라의 도읍 랴오양도 고구려의 옛 땅이니 우리 영토 아니겠소? 고려가 요나라의 영토를 넘본다는 것은 이치에 맞지 않는 말이오. 또 고려가 요나라와 외교 관계를 맺지 못하는 것은 여진 때문이오. 여진이 본래 고려의 영토였던 압록강 유역을 차지하고 있어, 그곳을 다니기란 바닷길을 다니기보다 더 어렵소. 여진을 몰아내고 성을 쌓아 길이 통한다면 어찌 거란과 국교를 맺지 않겠소? 고려와 거란이 친교를 맺기 위해서는 고려가 여진을 몰아낼 수 있도록 거란이 도와줘야 할 것이오."

서희의 당당한 태도와 조리 있는 말솜씨에 소손녕은 더 이상 다른 말을 하지 못했단다. 서희의 담판 덕분에 고려와 거란은 서로 화해하고, 소손녕은 군대를 철수시켰지.

그 후 거란은 압록강 서쪽에 다섯 개의 성을 새로 쌓아 고려와 통하는 길을 냈어. 또 고려도 서희가 군사를 이끌고 압록강 동쪽의 여진을 몰아낸 후 여섯 곳에 성을 쌓았단다. 이것을 '강동 6주'라고 해.

강조의 난과 거란의 2차 침입

성종의 뒤를 이은 목종은 18세의 나이로 왕이 됐어. 그러자 어머니인 헌애 왕후가 목종을 제쳐 놓고 나랏일을 마음대로 주무르기 시작했지. 더욱이 헌애 왕후는 김치양과 사이에서 아들까지 낳았어.

헌애 왕후는 그 아이를 목종의 뒤를 잇는 왕으로 삼으려고 했지. 그래서 왕건의 혈통을 이어받은 유일한 왕위 계승자인 대량원군을 몇 차례나 죽이려고 했단다.

목종은 김치양 일파가 권력을 마음대로 휘두르는 바람에 허수아비 왕 노릇을 할 수밖에 없었어. 게다가 건강까지 나빠졌지. 목종은 대량 원군에게 왕위를 물려줘야겠다고 생각했어. 그래서 강조에게 자신과 대량 원군을 보호해 달라고 요청했어. 그때 강조는 서북면 도순검사라는 직위에 있던 변방의 관리였지.

군사를 이끌고 급히 개경으로 달려오던 강조는 '왕이 병으로 죽었다.'는 소문을 들었어. 그렇다고 군사를 되돌릴 수도 없는 일이었지. 강조는 김치양 일파를 몰아내야겠다고 생각하고 그대로 개경으로 향했어.

강조가 개경에 도착해 보니 왕이 병으로 죽었다는 것은 헛소문이었어. 오히려 목종이 멀쩡히 살아 있는 것 아니겠니? 강조는 당황스러웠지만 무능한 목종을 계속 왕의 자리에 놔둘 수는 없다고 생각했어. 그래서 목종을 폐위시킨 후 대량 원군이 그 자리를 이어받게 했지(1010년). 그가 바로 8대 현종이란다. 또 김

거란의 2차 침입
→ 거란의 침입로

치양과 그의 아들을 죽이고 헌애 왕후도 멀리 귀양 보냈어. 폐위된 목종은 그 후 강조의 부하들에게 살해되었단다.

강조의 정변은 거란 왕 성종에게 좋은 구실을 주었어. 그해 11월 거란은 '정변을 일으켜 왕을 죽인 강조를 벌하겠다.'며 고려에 침입했지. 이것이 거란의 2차 침입이야.

물론 성종이 내세운 '강조를 벌하겠다.'는 명분은 구실일 뿐, 진짜 목적은 1차 침입 때 서희와의 외교 담판으로 잃은 강동 6주를 되찾으려는 거였어. 또 고려가 송나라와 관계를 끊고 거란과 수교하겠다는 약속을 지키지 않는 것에도 화가 나 있었지.

성종이 거느린 거란의 40만 대군은 압록강을 건너 흥화진(지금의 평안북도 의주)을 포위하고 고려 조정에 편지를 보냈어. '강조를 붙잡아 데려오면 곧 되돌아갈 것이나, 그러지 않으면 개경까지 진격하겠다.'는 내용이었지.

고려가 요구를 거절하자 거란은 20만 군사로 강조가 머물고 있는 통주를 공격했어. 강조는 몇 차례 거란군의 공격을 잘 막아 냈지만 결국 크게 패해 사로잡히고 말았단다.

거란의 성종은 강조에게 "신하가 되면 살려 주겠다."고 했어.

하지만 강조는 "고려 사람이 거란의 신하가 될 수는 없다."며 거절했지. 결국 강조는 죽고 말았어.

거란군은 침략의 구실이었던 강조를 처단한 뒤에도 개경을 향해 계속 진격했어. 주력 부대였던 강조의 군대가 무너진 고려에는 더 이상 거란군을 막을 힘이 없었지. 결국 개경이 함락되고, 현종은 전라도 나주로 몸을 피해야 했어.

개경에 남아 있던 백성은 거란군에게 말할 수 없는 피해를 입었단다. 그래도 다행히 양규, 김숙흥 등이 이끄는 고려군이 곳곳에서 거란군을 격파하기 시작했어.

고려군의 게릴라식 공격을 견디기 힘들어진 거란군은 결국 강화를 맺고 철수하게 됐단다. '고려 왕이 거란에 인사하러 들어간다.'는 것과 '강동 6주를 돌려주겠다.'는 것이 강화 조건이었지.

고려군은 철수하는 거란군을 그대로 내버려 두지 않았어. 거란군이 압록강을 건널 즈음, 추격해 온 양규의 군대가 거란군을 공격했어. 열흘 남짓이나 이어진 전투에서 양규의 군대는 일곱 번 싸워 일곱 번 모두 이겼지. 그렇지만 양규는 전사하고 말았단다.

거란의 글씨가 새겨 있는 거울
거란과의 교류를 통해 고려에 들어왔을 거라고 짐작되는 청동 거울이야. 이 거울에는 거란 문자가 새겨 있는데, 지금은 거란 문자에 대한 자료가 거의 없기 때문에 무슨 뜻인지 알 수가 없단다.

거란의 3차 침입과 귀주 대첩

1018년 거란은 다시 한 번 고려에 침입했어. 2차 침

거란의 3차 침입과 천리 장성
➡ 거란의 침입로

입 때 고려가 했던 약속을 지키지 않았기 때문이야. '고려 왕이 거란에 인사하러 들어간다.'는 것과 '강동 6주를 돌려주겠다.'는 약속 말이야. 고려는 두 가지 약속을 하나도 지키지 않았거든.

소배압이 거느린 10만의 거란군이 압록강을 건너자, 고려 조정은 일흔한 살의 백전노장 강감찬을 상원수 삼아 거란군을 막게 했어. 소배압은 1차 침입 때 거란군을 지휘했던 소손녕의 형이야.

홍화진성에서 거란군을 맞은 강감찬은 성 동쪽에 흐르는 강의 상류를 쇠가죽으로 연결해서 막게 했어. 그리고 정예 기병 1만 2천 명을 몰래 숨겨 놓았어.

거란군은 상류를 막아서 얕아진 강물을 아무것도 모른 채 건너왔단다. 강감찬은 강물을 막아 놓았던 쇠가죽을 터뜨리라고 명령했어. 거란군은 갑자기 쏟아져 내린 거센 물결에 휩쓸려 어찌할 바를 몰랐고, 숨어 있던 고려 기병은 때를 놓치지 않고 거란군을 공격했지. 고려군은 이 전투에서 큰 승리를 거뒀어.

홍화진 전투의 패배에도 불구하고 적장 소배압은 개경을 향해 진군을 계속했어. 그래서 개경 1백 리 밖까지 접근해 왔단다. 조정에서는 개경 부근 백성에게 모두 성안으로 피신하라는 명령을 내렸어. 또 들판에 자라는 곡물은 물론 집 안에도 곡식을 남기지 말고, 우물도 모두 메우라고 했지. 이것을 '청야 전술'이라고 해. 적의 공격을 받을 때, 먹을 것을 전혀 남겨 놓지 않아서 적을 굶주리고 지치게 만드는 전술이야.

때는 정월의 추위가 기승을 부릴 시기였고, 청야 전술에 말려들어 지치고 굶주린 거란군은 더 이상 싸우는 것이 불가능했지. 소배압은 결국 철군 명령을 내렸어. 그러나 이번에는 강감찬의 고려군이 거란군을 기다리고 있었지.

고려군이 철수하는 거란군을 막아선 곳은 압록강 부근의 귀주였어. 귀주는 거란의 1차 침입 때 서희의 담판으로 얻은 강동 6주 가운데 하나야.

양쪽 군대는 귀주 동쪽 벌판에서 맞붙었어. 어느 한쪽도 물러설 수 없는 팽팽한 전투였지. 이때 강한 비바람이 거란군 쪽으

강감찬생가터(낙성대)
낙성대는 강감찬 장군이 태어난 집터야. 강감찬이 태어나던 날 밤에 '하늘에서 큰 별이 떨어졌다.'고 하여 붙인 이름이지. 거란의 대군을 무찌르고 나라를 위해 일생을 바친 강감찬을 기리기 위해 1973년에 지금과 같은 모습으로 단장하였단다.

로 몰아치기 시작했단다. 고려군은 때를 놓치지 않고 거란군을 향해 소나기처럼 화살을 날렸어.

이 전투에서 고려군은 큰 승리를 거뒀어. 10만 거란 군사 가운데 살아 돌아간 자는 수천 명에 지나지 않았다고 해. 이 전투가 바로 '귀주 대첩'이야.

귀주 대첩을 끝으로 30년 가까이 이어졌던 고려와 거란의 전쟁은 끝이 났어. 그 후에도 소규모의 침입은 있었지만 고려를 위협할 정도는 아니었지. 또한 고려도 천리 장성을 쌓아 거란의 침입에 적극적으로 대비하였단다.

귀주 대첩 기록화

별무반 설치와 여진 정벌

1019년 거란의 3차 침입을 물리친 후 고려에는 한동안 평화가 계속되었단다. 그러나 평화는 1백 년도 채 이어지지 못했어. 점점 세력을 키워 가고 있던 여진 때문이었지.

여진은 원래 만주 동북부 지역에서 흩어져 살았어. 그런데 두만강과 함경도 일대까지 내려오며 점점 세력을 키워 갔던 거야. 여진의 세력이 점점 커지는 것은 고려에게 위협이 아닐 수 없었어. 그래서 위협의 싹을 미리 제거하려고 여진 정벌에 나섰단다.

그러나 1104년의 여진 정벌은 고려의 패배로 끝나고 말았어. 여진 정벌의 총사령관이었던 윤관은 패배의 원인을 분석해 보았어. 그리고 지금과 같은 고려군의 조직으로는 여진을 이기기 어렵다고 판단했지. 고려군은 보병 중심인데 비해 여진군은 기마병이 중심이어서 기동력이 매우 뛰어났어. 느린 보병으로 말을 타고 움직이는 기마병을 당해 내기는 어려운 일이었지.

윤관은 여진을 정벌하려면 고려에도 뛰어난 기마병이 필요하다고 생각했어. 그래서 왕에게 여진 정벌을 위한 부대를 따로 만들자고 건의했단다.

당시 왕이었던 숙종은 윤관의 건의를 받아들여서 '별무반'이라는 부대를 만들었어. 별무반은 기병이 중심이 된 신기군, 보병이 중심이 된 신보군, 승려가 중심이 된 항마군으로 이루어진 특별 부대야. 별무반에는 스무 살이 넘는 고려 백성이라면 누구나 의무적으로 참여해야

윤관
윤관은 고려 제15대 임금인 숙종 때부터 제16대 임금인 예종 때까지 활약했던 장수야. 함흥평야의 여진을 물리치고 동북 9성을 쌓아 고려의 북쪽 국경을 튼튼하게 지켰단다.

했지. 그것은 승려도 마찬가지였어.

 하지만 숙종은 별무반의 활약을 보지 못한 채 숨을 거뒀고, 예종이 뒤를 이어 왕위에 올랐어. 1107년 10월, 그동안 군사 훈련을 받아 온 별무반은 마침내 2차 여진 정벌에 나섰단다.

 고려의 정규군도 특별 부대인 별무반과 함께 출동했지. 또 예종도 서경까지 와서 싸움터로 나가는 병사들을 격려했어.

 1년 동안 맹훈련을 쌓은 별무반의 활약은 눈부셨단다. 그들은 여진의 마을을 차례차례 소탕해 나갔어.

 윤관은 새로 점령한 땅에 9개의 성을 쌓았지. 고려의 영토가 북쪽으로 크게 넓어진 거야. 윤관이 쌓은 9개의 성을 '동북 9성'이라고 해.

 동북 9성에는 남쪽 주민 수만 명을 옮겨 가 살게 했어. 점령한

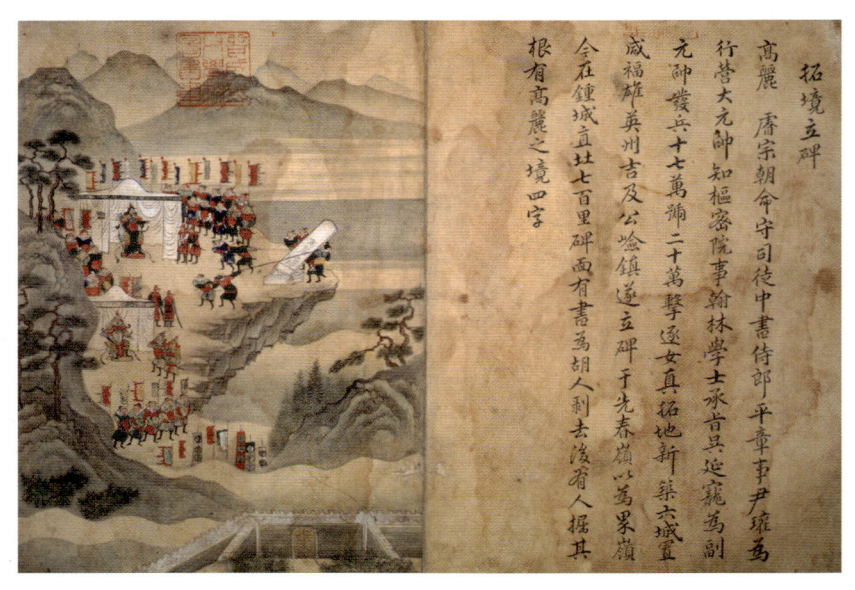

《북관유적도첩》 가운데 〈척경입비도〉
《북관유적도첩》은 고려 예종 대부터 조선 선조 대까지 북관(지금의 함경도)에서 활약한 용맹하고 지략 높은 인물들의 이야기를 글과 그림으로 담은 책이야. 윤관은 여진을 물리치고 쌓은 동북 9성에 '고려지경(고려의 땅)'이라고 새긴 비석을 세웠어. 〈척경입비도〉는 이 일을 담은 그림이지.

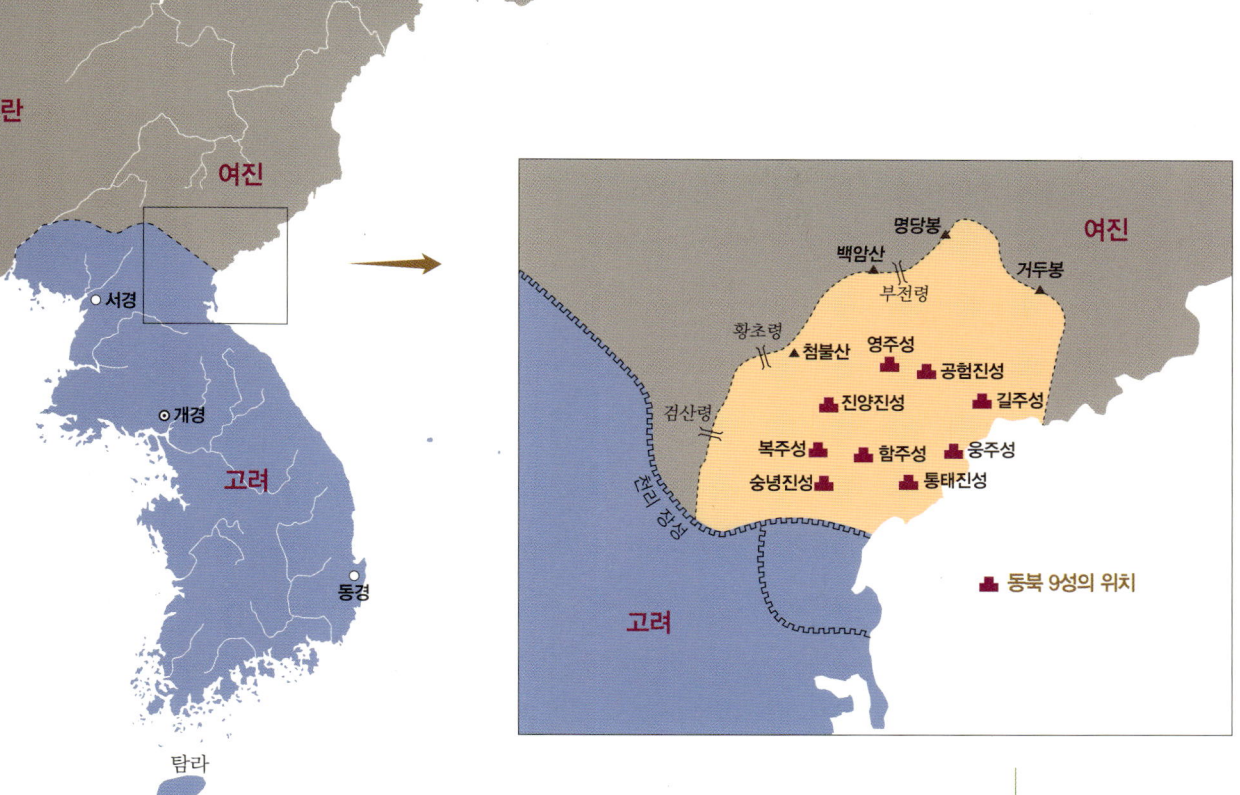

　영토를 확실하게 고려 땅으로 만들기 위해서였지. 그러나 동북 9성을 유지하기는 쉽지 않았어. 삶의 터전을 잃은 여진이 계속 공격해 왔기 때문이야.

　고려 백성의 피해는 점점 늘어났어. 그 무렵 여진이 고려에 사신을 보내 '동북 9성을 돌려주면 대대로 고려를 섬기고 받들겠다.'는 청을 해 왔단다. 동북 9성을 유지하기 힘들어진 고려는 결국 여진의 청을 받아들였지. '앞으로는 절대 고려를 침범하지 않을 것이며, 여진은 해마다 고려에 조공을 바친다.'는 조건으로 말이야.

　여진은 그 후 세력이 강해져서 금나라를 세우게 돼. 이 이야기는 나중에 더하자꾸나.

4

무신 정권의 등장과 하층민의 봉기

고려는 정말 호족의 힘이 센 나라였단다. 특정 가문이 왕을 쥐락펴락할 정도였어. 백성들에게는 더한 횡포를 부렸지. 그런데 백성 못지않게 이들에게 불만을 가진 사람들이 있었어. 바로 문신에게 온갖 수모를 당했던 무신이었지. 참다못한 무신들은 왕과 문신들에게 복수의 칼을 들이대고 권력을 빼앗았어. 이제 고려사에서 1백 년이나 역사를 쓴 무신 정권 시대로 들어가 보자.

4 무신 정권의 등장과 하층민의 봉기

이자겸의 반란 | 묘청의 서경 천도 운동 | 무신 정권의 등장 | 평등한 세상을 꿈꾸며

이자겸의 반란

고려 초기의 지배층은 대부분 왕건을 도와 고려를 세우고 후삼국을 통일하는 데 공을 세운 호족이었어. 그 후 광종 때 과거 제도가 시행되면서, 과거를 통해 관직에 오른 신라의 6두품 출신 유학자들이 새로운 지배층으로 떠올랐지.

이들 지배층은 과거 제도와 음서를 통해 고위 관직을 독점하고, 공음전을 상속해서 경제적 특권을 누렸단다. 또 서로 혼인 관계를 맺어 결속을 다졌지. 이들을 '문벌 귀족'이라고 해.

문벌 귀족이 중요 관직을 독점하고 권력을 멋대로 휘두르면서 많은 문제점이 쌓여 갔어. 권력을 이용해서 개인이나 국가의 토지를 불법으로 차지해 호사스러운 생활을 하고, 왕실과 혼인을 맺어 권력을 더욱 다져 나갔지.

'이자겸의 난'은 그런 문제점이 곪아 터진 사건이었단다.

이자겸은 대표적인 문벌 귀족 가문이었던 경원 이씨 집안 출신이야. 경원 이씨 가문은 80년 동안 다섯 왕에게 딸 열 명을 왕비로 들여보낼 만큼 세력이 대단했지. 이자겸도 둘째 딸을 예종의 비로 들여보내며 외척으로서 권세를 누리기 시작했어.

예종이 죽자 이자겸은 외손자인 어린 인종을 왕의 자리에 앉혔어. 그리고 예종의 동생에게 '왕의 자리를 뺏으려 한다.'는 죄를 뒤집어씌워 제거했지. 그러고는 자신에게 반대하는 지방 관료 출신인 신진 세력도 그 음모에 가담했다며 처형했어. 그 후 이자겸은 친척과 심복 들을 두루 요직에 앉히고, 인종에게 자신의 셋째 딸과 넷째 딸을 비로 맞아들이라고 강요했어.

이자겸은 누구도 넘볼 수 없는 권력을 손에 쥐게 되었어. 그는 남의 토지를 멋대로 강탈해 자기 소유로 하는가 하면, 공공연히 뇌물을 받고 벼슬을 파는 등 말할 수 없이 많은 횡포와 부

파주 서곡리 고려벽화묘
고려 후기의 문신이었던 권준의 무덤 안에서 발견한 벽화야. 벽면 사방에는 열두 명의 인물상이, 천장에는 별자리 그림이 있어. 고려 시대 관리들은 어떤 옷을 입었는지 잘 알게 해 주는 귀중한 자료란다.

고려 인종의 시호를 올리며 지은 글
고려의 제17대 왕이었던 인종의 시호와 업적 등을 기록한 글이란다. 고려의 제18대 왕이었던 의종이 즉위하던 1146년에 만들었지. 인종은 이자겸의 난을 진압하고, 김부식에게 《삼국사기》를 쓰게 하는 등 많은 업적을 남긴 왕이었어.

정부패를 저질렀지.

인종 4년, 이자겸의 횡포를 보다 못한 왕의 측근 세력인 문신 김인존과 상장군 최탁, 대장군 권수 등이 이자겸 일당을 몰아내고 왕권을 수호하려 했어. 그러나 이자겸이 먼저 척준경 등과 군사를 이끌고 들이닥쳐 궁궐을 불사르고 왕권 수호 세력을 살해했어. 이것이 바로 이자겸의 난이었어.

이 사건으로 이자겸의 세력은 더욱 커지고, 이자겸은 스스로 왕이 될 야심까지 품게 되었단다. 그는 딸인 왕비를 시켜 여러 차례 음식에 독을 넣어 인종을 살해하려 했지만, 왕비의 반대로 실패했어.

그사이 인종의 반격이 시작됐단다. 인종은 왕궁에 불을 질렀던 척준경에게 가까운 신하를 보내 이자겸을 제거하라고 회유했지. 이자겸은 결국 척준경에게 잡혀 영광으로 귀양을 갔고, 최대 문벌 귀족이었던 경원 이씨 가문의 권세도 그렇게 막을 내리게 되었어(1126년).

이자겸의 몰락은 고려 초기의 귀족 사회가 무너지기 시작했음을 알리는 신호였다고 할 수 있어. 그럼 이자겸을 제거하는 데 공을 세운 척준경은 어떻게 되었을까?

한때 문하시중(중서문하성의 장관으로 고려 시대 최고의 관직)의 자리에 오르는 등 새로운 실력자로 등장하는 듯했지만 그 끝은 좋지 않았지. 1년여 후 정지상 등의 탄핵을 받아 '왕에게 화살을 쏘고 궁궐을 불태웠다.'는 죄목으로 귀양을 가게 되었거든.

묘청의 서경 천도 운동

이자겸의 난으로 왕의 권위는 땅에 떨어지고 민심도 크게 흉흉해졌어. 또 나라 밖 사정도 좋지 않았지. 여진이 세운 금나라가 중국 대륙의 새로운 강자로 떠올랐던 거야. 금나라는 거란을 멸망시키고 송나라를 남쪽으로 몰아냈어(남송).

금나라는 고려에게 군신(왕과 신하)의 관계를 맺자고 요구했어. 군신 관계를 맺는다는 것은 고려가 금나라의 속국이 된다는 의미와 다를 바 없었지.

여진이 어떤 사람들이었니? 윤관이 여진을 소탕하고 동북 9성을 쌓았을 때, 그것을 돌려 달라며 '해마다 조공을 바치고, 고려를 대대로 섬기고 받들겠다.'고 애원했던 민족 아니었니?

그런 여진 사람이 세운 나라와 군신 관계를 맺는다는 것은 고려로서는 더할 수 없는 굴욕이었지. 그러나 중국의 강자가 된 금나라의 요구를 무턱대고 뿌리칠 수도 없는 상황이었단다.

이처럼 나라 안팎으로 위기를 맞고 있는 상황에서 개혁을 부

여진이 세운 금나라와 남송

르짖는 새로운 정치 세력이 등장했단다. 묘청, 정지상 등을 중심으로 한 서경 출신의 신흥 세력이야.

정지상은 과거에 급제해 벼슬길에 오른 사람으로 그 시절 최고의 문장가였어. 그는 인종의 두터운 신임을 받고 있었지. 묘청은 정지상의 소개로 인종을 만나게 됐어. 정지상은 인종에게 묘청을 '성인 중의 성인'이라고 소개했단다. 묘청을 만나 본 인종도 그를 범상치 않은 인물이라고 생각했어. 묘청에게 나랏일에 대한 조언을 구하고 그의 말을 따르며 신임했지.

묘청과 정지상 등은 왕을 만날 기회가 있을 때마다 '개경은 이미 땅의 기운이 다했으니, 땅의 기운이 왕성한 서경으로 도읍을 옮길 것'을 주장했어. 또 '금나라에 대한 굴욕 외교를 중단하고, 금나라를 정벌해 고구려의 옛 땅을 되찾으려면 서경으로 도읍을 옮겨야 한다(금국정벌론).'는 이야기도 했단다.

또한 '칭제 건원'도 주장했어. 칭제 건원이 뭐냐고? 중국이 왕을 '황제'라고 부르는 것처럼 고려도 왕을 황제라 하고, 중국의 연호가 아닌 고려의 독자적인 연호를 써야 한다는 의미야.

인종은 묘청의 주장에 마음이 움직여 직접 서경에 가 보고 궁궐을 짓도록 했지. 그리고 1년 중 며칠은 서경에서 머물렀어.

　인종이 도읍을 서경으로 옮겨 새로운 정치를 펴겠다는 생각을 굳혀 나가자, 개경의 귀족이 벌 떼처럼 들고일어나 반대했어. 도읍을 서경으로 옮기면 개경에 바탕을 둔 자기들의 권력 기반이 송두리째 무너질까 봐 겁났던 거야. 정지상 등이 서경 천도를 주장한 데에는 개경 귀족의 세력을 약하게 만들겠다는 숨은 뜻도 없지 않았거든.

　개경 귀족들은 '묘청의 주장은 사리에 맞지 않을 뿐 아니라 요망한 말로 나라를 어지럽히고 있으니 목을 베야 한다.'는 상소를 끊임없이 올렸어.

　공교롭게 인종이 서경에 행차할 때마다 폭우나 우박 등 기상 이변이 일어났고, 새로 지은 궁궐에 벼락이 떨어지기도 했어. 인종은 차츰 묘청의 말을 의심하기 시작했단다. 서경으로 도읍을 옮기려던 계획도 주춤거릴 수밖에 없었지.

최함 묘지석
묘지석은 죽은 사람의 인적 사항 등을 기록하여 무덤에 묻는 것으로, 재료와 형태가 다양해. 최함은 이자겸의 난 때 국새를 가지고 인종을 모셨던 충신이야. 또 고려의 사신으로 금나라에 다녀오기도 했단다.

초조해진 묘청은 무력으로 자신의 뜻을 이루려 했어. 그래서 인종 13년(1135년), 묘청을 중심으로 한 서경 세력은 '묘청의 난'을

● 묘청과 김부식

묘청의 무장봉기는 흔히 '묘청의 난'이라고 말해. 묘청은 반란을 일으킨 역적이 되는 셈이야. 묘청의 무장봉기를 진압한 김부식 등 개경의 보수 세력 입장에서 보면 묘청의 행위가 반란인 것은 틀림없지. 그러나 당시 고려 사회의 모습을 들여다보면 다르게 생각해 볼 수도 있어.

그 무렵 고려는 집권층의 무능과 경제적 착취로 백성이 말할 수 없는 고통을 겪고 있었지. 묘청은 그것을 개혁하려고 했어. 금국정벌론이나, 왕을 황제라 부르고 우리나라 나름의 연호를 사용하자는 주장도 마찬가지야. 그 당시 집권 세력은 권력을 유지하기 위해 점점 더 금나라에 의존하려는 정책을 쓰고 있었지. 금나라와 '왕과 신하의 관계'를 맺어 권력의 안정을 추구하고, 나라가 전쟁에 휘말리지 않도록 애썼어. 금나라의 침입을 받아 전쟁이 나면 나라가 망할 수도 있었으니까.

묘청은 그와 같은 상황에서 강한 자주성을 띤 주장을 했던 거야. 물론 당시 고려의 힘으로 금나라를 친다는 것은 현실성 없는 주장일 수도 있어. 그러나 금나라의 압력이 갈수록 커지고 있어서, 정말 할 수 있느냐 없느냐를 떠나 '서경을 중심으로 민심을 하나로 모으기 위해 금국정벌론을 펴게 되지 않았을까?' 하는 쪽으로 생각해 볼 수도 있단다.

그런 여러 가지 점을 함께 생각해 볼 때, 묘청과 김부식의 대결은 단순히 반란군과 토벌군의 대결이라기보다 개혁파와 보수 세력의 대결이라는 성격이 더 짙다고 할 수 있어. 그래서 단재 신채호는 묘청의 서경 천도 운동을 '조선의 역사 1천 년 이래 가장 큰 사건'이라고 평가했단다.

물론 묘청 일파가 서경 천도 계획이 뜻대로 되지 않는다고 해서 성급하게 무장봉기를 하기보다, 좀 더 인내심을 가지고 성실하게 개혁을 추진해 나갔더라면 좋았을 것이라는 아쉬움도 없지 않아. 그렇게 했다면 개혁을 성공했든 못했든 묘청은 좀 더 확실한 역사의 승자가 될 수 있었을 거야.

일으켰어. 이들은 서경에 도읍을 정하고 '대위'라는 나라를 세웠단다. 또 연호를 '천개', 군대 이름을 '천견충의'라고 했어.

김부식이 삼군의 우두머리가 되어 반란군 토벌에 나섰지. 김부식은 이자겸을 견제해 오다가, 이자겸이 제거된 후 새로운 권력의 중심에 있었던 인물이었어. 그리고 우리나라에서 가장 오래된 역사책인 《삼국사기》의 저자이기도 했지.

토벌군을 이끌고 서경에 도착한 김부식은 성을 포위하고 장기전에 들어갔어. 주변의 지형이 험해 쉽게 성을 함락시키기 어려울 것 같았기 때문이야.

이듬해 2월, 김부식은 마침내 총공격 명령을 내렸단다. 치열한 공방전이 벌어졌고 성은 좀처럼 함락되지 않았어. 그런데 묘청의 부하 조광이 묘청을 살해하는 바람에 가까스로 성을 함락시킬 수 있었지. 묘청이 대위국을 세운 지 1년여 만의 일이었어.

● 진보 세력과 보수 세력

보수 세력은 지금 가지고 있는 것을 중요하게 여겨 그대로 지키려는 세력을 말해. 따라서 변화를 싫어하지. 변화가 일어나면 지금 가지고 있는 것을 잃을 염려가 있으니까. 반대로 개혁파는 현실을 새롭게 바꾸려는 생각을 가진 사람들이야. 이들을 진보 세력이라고 해.

서경으로 도읍을 옮기자는 주장에서 시작해 무장봉기로 이어진 묘청의 개혁 운동은 그렇게 보수 세력인 개경파의 승리로 막을 내렸어. 그리고 김부식은 반란을 진압한 공으로 공신 칭호를 받고 최고의 관직과 명예를 누렸지.

이 사건 후 문벌 귀족은 더욱 권력을 강화해 사치와 향락을 일삼았어. 그리고 고려 사회가 안고 있던 여러 문제점은 더욱 골이 깊어졌단다.

무신 정권의 등장

김부식은 과거에 급제해서 벼슬길에 오른 문신 출신이야. 또 그 시절 정지상과 쌍벽을 이뤘던 큰 문장가이기도 했지. 그런데 문신 출신인 김부식이 '묘청의 무장봉기'를 진압하기 위한 토벌군의 총사령관이 되었다는 것은 좀 이상하지 않니?

당시 고려의 상황을 안다면 조금도 이상하지 않을 거야. 소손녕과의 담판으로 거란군을 물리친 서희, 귀주 대첩의 강감찬, 여진을 몰아내고 동북 9성을 쌓은 윤관도 모두 문신 출신이었어.

그것은 당시 무신의 위치가 어떠했나를 말해 주는 거야. 군사 지휘는 당연히 무신이 해야 하는 일이 맞지. 그럼에도 불구하고 최고 지휘관 자리는 문신에게 내어 주고, 그 밑에서 일해야 하는 것이 그 시절 무신의 처지였어. 문신에게 온갖 수모를 당하면서 말이야.

무신에 대한 그와 같은 푸대접이 결국 지금부터 이야기하려는 무신 정변과 무신 정권 등장의 원인이 되었단다.

문신과 차별 대우를 받으며 불만이 쌓여 가던 무신의 분노가 폭발한 것은 18대 의종 때였어. 의종은 틈만 나면 궁궐 밖으로 나가 경치 좋은 곳에서 문신들과 술을 마시고 시를 읊으며 노는 것을 좋아했지. 그리고 그동안 무신은 이들을 호위해야 했어. 제대로 쉬지도 먹지도 못하면서 말이야.

1170년 8월 30일이었어. 의종은 전날에 신하들을 거느리고 나들이를 나와 흥왕사라는 절에서 하룻밤을 자고, 그날은 보현원이라는 절로 가는 길이었어. 일행이 오문이라는 곳에 이르자 의종은 일행을 멈추게 하고 잔치를 벌였지.

잔치가 무르익을 무렵 의종은 흥을 돋우기 위해 무신들에게

공민왕릉의 문인석과 무인석
'석인'은 능이나 묘 앞에 세운 사람 모습의 돌상이야. 무덤의 수호신 같은 존재이지. 고려 초기에는 문인석, 곧 문신의 석인만 세웠어. 그러다 충목왕 대부터 문인과 무인의 석인을 함께 놓았지. 공민왕릉의 문인석과 무인석은 고려 시대 문인과 무인의 복식을 잘 보여 주고 있어.

오병수박희를 하게 했어. 오병수박희는 당시 무신들이 즐기던 무예로 오늘날의 택견과 비슷해. 다만 발보다는 주로 손을 사용해서 상대를 공격하는 것이 택견과 다르지.

정3품 벼슬의 이소응이라는 나이 많은 장군이 젊은 무신과 겨루게 되었어. 이소응은 나이 탓에 힘이 부쳐 도중에 기권하고 말았지. 이때 한뢰라는 젊은 문신이 이소응의 뺨을 때렸어.

갑자기 뺨을 맞은 이소응은 섬돌 아래로 굴러떨어졌어. 의종을 비롯한 문신들은 재미있다는 듯 손뼉을 치며 깔깔거렸단다. 이 모습을 본 무신들은 모두 분노로 피가 끓고 몸이 떨렸지.

일이 터진 것은 그날 저녁 의종의 행차가 보현원에 이르렀을 때야. 정중부, 이의방, 이고 등이 거사를 계획하고 군사를 모아 문신을 마구 베기 시작했어. 보현원은 금방 피바다가 되고 문신들의 시체가 산처럼 쌓였단다.

무신들은 곧장 궁궐로 달려가 궁궐까지 장악했어. 그리고 의종은 거제도로, 태자는 진도로 귀양 보냈어. 그런 다음 의종의 아우 익양공을 왕의 자리에 앉혔어. 그가 명종이야.

온갖 권세와 특권을 누리던 문신 귀족의 시대는 이렇게 막을 내리고, 그 후 1백 년(1170~1270년) 동안 고려는 무신의 세상이 된단다. 이 시기를 '무신 정권 시대'라고 해.

참, 거제도로 귀양 갔던 의종은 그 후 어떻게 됐는지 알아? 정중부의 심복인 이의민이 커다란 가마솥에 넣어 연못에 던졌다고 해.

최씨 무신 정권 60년

1170년 무신들이 정변을 일으켜 성공한 후, 무신 사이에서는 자기들끼리 죽고 죽이는 권력 다툼이 벌어졌어. 처음 권력을 잡았던 이고는 이의방에게 죽고, 이의방은 정중부에게, 정중부는 경대승이라는 젊은 무신에게 죽고 말았지. 또 경대승은 서른 살의 젊은 나이에 병들어 죽었어. 그러자 이번에는 정중부의 심복이었던 이의민이 새로운 실력자가 되었단다. 이 피비린내 나는 싸움에 마침표를 찍은 사람은 최충헌이야. 최충헌은 1196년 이의민을 제거하고 권력을 잡았어. 그 후 최충헌의 아들(최우), 손자(최항), 증손자(최의)까지 4대가 대를 이어가며 60여 년이나 권력을 잡았지. 그동안 그들은 왕을 다섯 명이나 갈아치웠어. 왕은 있으나 마나 한 허수아비였던 거야.

최충헌은 권력을 잡은 후 〈봉사 10조〉를 만들어 명종에게 올렸어. '권세가가 빼앗은 토지를 주인에게 돌려줄 것' '벼슬하는 자의 사치를 금하고 검소한 생활을 장려할 것' 등 당시 고려 사회가 안고 있던 여러 문제를 해결할 수 있는 매우 훌륭한 개혁안이었지. 그러나 〈봉사 10조〉는 정변을 일으켜 이의민을 제거하고 권력을 잡은 것을 그럴듯하게 포장하기 위한 수단에 지나지 않았어. 최충헌은 자신의 권력 유지에 방해되는 인물을 가차 없이 처단하고, 명종을 감금한 후 멋대로 새로운 왕(신종)을 내세우는 등 온갖 횡포를 일삼기 시작했으니까.

최충헌은 자신의 권력을 튼튼하게 다지기 위해 '교정도감'과 '도방'이라는 기구를 설치했어. 교정도감은 반대 세력을 제거하고, 세금을 걷고, 행정을 감시하는 일 등을 맡았던 기구야. 그 우두머리인 교정별감은 최충헌 자신이 맡았지. 도방은 최충헌이 자신을 보호하기 위해 만든 사병 집단이야. 경대승이 만들었던 것을 이의민이 폐지했다가 최충헌이 다시 만들었단다.

아들 최우는 아버지가 만든 교정도감과 도방을 한층 강화하고, '정방' '서방' '삼별초' 등의 새로운 기구를 만들어 권력 기반을 더욱 단단하게 다졌어. '정방'은 최우의 자택에 설치한 인사 행정 기구로, 관리를 임명하거나 자리를 바꾸는 일 등을 모두 여기서 결정했지. 서방 역시 최우의 자택에 설치했던 기구야. 이곳에서는 문관이 3교대로 숙식하며 최우의 자문에 답하는 일을 했어. 삼별초는 치안 유지를 위해 만든 특수 부대였단다.

최씨 일가는 이런 기구를 통해 왕보다 더 큰 권력을 휘두르며, 유경과 김준 등이 최의를 살해할 때까지 60년 넘게 권세를 누렸단다.

금나라

의주
창주
정주
철주

서경

고려

개경
명주
원주

● 천민과 농민의
봉기가 일어난 곳

부성
충주
울진
명학소(대전)
익산 합천 운문 동경
전주 초전
남원 진주
담양

탐라

평등한 세상을 꿈꾸며

무신 정변이 성공할 수 있었던 것은 그 바탕에 농민과 일반 병사의 지지가 있었기 때문이야. 그들은 문벌 귀족이 판치던 세상에서 온갖 착취를 당하며 고달픈 삶을 살고 있었으니까. 그러나 무신 정권이 들어선 후에도 나아진 것은 전혀 없었어. 아니, 형편은 더 나빠졌지. 자기들끼리의 권력 다툼에 정신이 없던 무신들은 농민의 삶을 나아지게 하는 데에는 관심도 없었어. 오히려 자기들의 잇속을 차리기 위한 착취와 수탈만 더 심해졌단다.

견디다 못한 하층민이 들고일어났어. 가장 먼저 봉기의 횃불을 든 것은 명학소에 살던 천민 망이와 망소이야.

고려 시대에는 '향' '소' '부곡'이라는 특수 행정 구역이 있었어. '향'이나 '부곡' 주민은 주로 농사를 지었어. '소'에서는 금은·철 등을 채굴하거나, 소금·종이·먹·자기처럼 나라에서 필요한 특산물을 생산해서 바쳤어. 이곳에 사는 백성은 일반 백성보다 더 천대받고 더 심한 착취에 시달렸지.

망이와 망소이가 봉기한 명학소에서 만들었던 특산물이 무엇이었는지, 그 위치가 어디쯤이었는지는 확실하지 않아. 다만 지금의 대전시 서구 일대가 아닐까 짐작하고 있어.

1176년, 명학소에 사는 천민들은 망이와 망소이를 중심으로 전투 부대를 만들어 공주를 점령했어. 그리고 착취에 시달리던 부근의 농민과 천민이 합세하면서 세력은 삽시간에 커졌지.

조정은 3천 군사를 보내 진압하려 했지만 봉기군의 기세가 워낙 강해서 실패하고 말았어. 봉기군은 계속 세력을 넓혀 갔고, 사정이 급해진 조정은 회유책을 썼단다. 천대받는 특수 행정 구역인 명학소를 '현'으로 승격시켜 주겠다고 약속했던 거야.

'소'를 '현'으로 승격시켜 준다는 것은 당시로서는 아주 파격적인 조치였단다. 그래서 봉기군은 싸움을 멈추고 해산했어. 그러나 한 달 뒤 조정에서는 '충순현'으로 승격한 명학소에 군대를 보내 토벌하고, 망이의 어머니와 아내를 잡아 가뒀어.

이를 알게 된 망이와 망소이는 다시 들고일어났단다. 봉기군은 충청도의 거의 전 지역과 경기도 일대를 장악하고 개경을 향해 진격했어. 조정은 충순현을 다시 명학소로 강등시키고 대대적인 토벌 작전을 펼쳤지.

크게 기세를 올렸던 봉기군도 대규모의 중앙군을 당해 낼 수는 없었어. 1177년 망이와 망소이가 항복하면서 1년 반 동안 이어졌던 천민의 무장봉기는 막을 내렸단다.

이번에는 노비들의 저항에 대해서 알아보자꾸나.

망이와 망소이의 봉기가 끝나고 20년쯤 세월이 흘렀을 때야. 노비 만적이 새로운 세상, 평등한 세상을 꿈꾸며 거사를 계획했지. 만적은 당시 최고의 권력자였던 최충헌의 노비였어.

먼저 만적이 다른 노비들에게 했던 주장을 들어 보도록 할까? 《고려사》라는 책에 전하는 내용이야.

왕후장상의 씨가 따로 있겠는가? 때가 오면 누구나 할 수 있다. 그런데 우리는 왜 주인에게 매질을 당하면서 뼈 빠지게 일을 해야 하는가? 최충헌을 비롯해서 각자 자기 주인을 죽이고 노비 문서를 불살라 노비를 없앤다면, 우리도 얼마든지 높은 벼슬자리를 차지할 수 있다.

노비 만적이 꿈꿨던 것은 노비 없는 세상이었어. 그래서 각자 자기 주인을 죽이고 노비 문서를 불살라 버리라고 했던 거지. 만적은 산에 나무하러 다니면서 만난 다른 집 노비들에게 자기 생각을 이야기했고, 뜻을 같이하는 동지들을 모을 수 있었어.

1198년 5월 17일이었어. 노비들이 봉기하기로 약속한 날이었지. 그러나 약속 장소였던 흥국사에 모인 노비 수는 수백 명밖에 안 됐어. 그 숫자로는 봉기를 성공시키기 어렵다고 생각한 만적은 며칠 후 보제사에서 다시 모이자고 했어.

그사이에 배신자가 생겼단다. 율학박사 한충유의 노비 순정이 봉기 계획을 밀고한 거야. 한충유는 최충헌에게 달려가 그 사실을 알렸고, 최충헌은 당장 만적을 비롯한 1백여 명의 노비를 잡아들였지. 그리고 붙잡은 노비들의 다리에 무거운 돌을 매달아 산 채로 예성강에 던졌어. 평등한 세상을 꿈꿨던 노비들의 바람은 이렇게 깨어지고, 밀고자 순정만 노비의 신분에서 벗어나 양인이 되었단다.

망이·망소이의 봉기와 만적의 봉기 계획 이외에도 경상도 일대에서 일어난 김사미와 효심의 봉기, 전주에서 지방관의 가혹한 노동력 동원에 저항해 일어난 관노비의 봉기 등 노비의 봉기가 몇 차례 더 있었으나 모두 실패로 끝나고 말았어.

무신 정권 시대에 이렇게 하층민의 봉기가 많았던 까닭은 무엇일까? 하층민의 삶이 그만큼 고달팠기 때문이라고 생각되지만 또 다른 이유도 없지 않아. 무신 정권이 들어서면서 천대받던 신분에서 높은 지위에 오르는 사람이 많아졌거든.

그 대표적인 본보기가 이의민이었어. 이의민의 아버지는 소금 장수, 어머니는 노비였다고 해. 그런데도 최고 권력자 자리에 오를 수 있었지. 그런 모습을 보면서 어찌 신분 상승을 꿈꾸지 않을 수 있겠니?

무신 정권이 들어서면서 시작된 하층민의 봉기는 무신 정권이 막을 내릴 때까지 약 1백 년 동안 이어졌단다.

하층민의 봉기는 모두 실패로 끝났어. 하지만 신분의 굴레를 극복하고 평등한 세상을 이루고자 했던 그들의 신분 해방 운동은 우리 역사에 큰 의미가 있는 사건이라고 생각된단다.

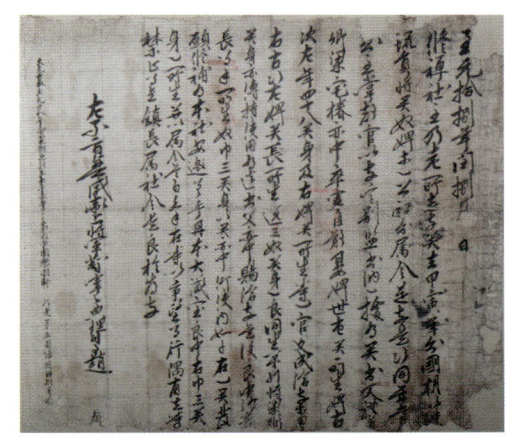

순천 송광사 고려고문서
(보물 572)

전라남도 순천시에 있는 송광사에는 보물 제572호로 지정된 〈고려고문서〉가 있어. 송광사의 역사 등을 담은 문서 1점과, 송광사에 속해 있는 노비 문서 1점이 있지. 특히 이 노비 문서는 고려 시대의 노비에 대한 연구를 도와주는 중요한 유물이야.

5

몽골의 침입과 공민왕의 개혁 정치

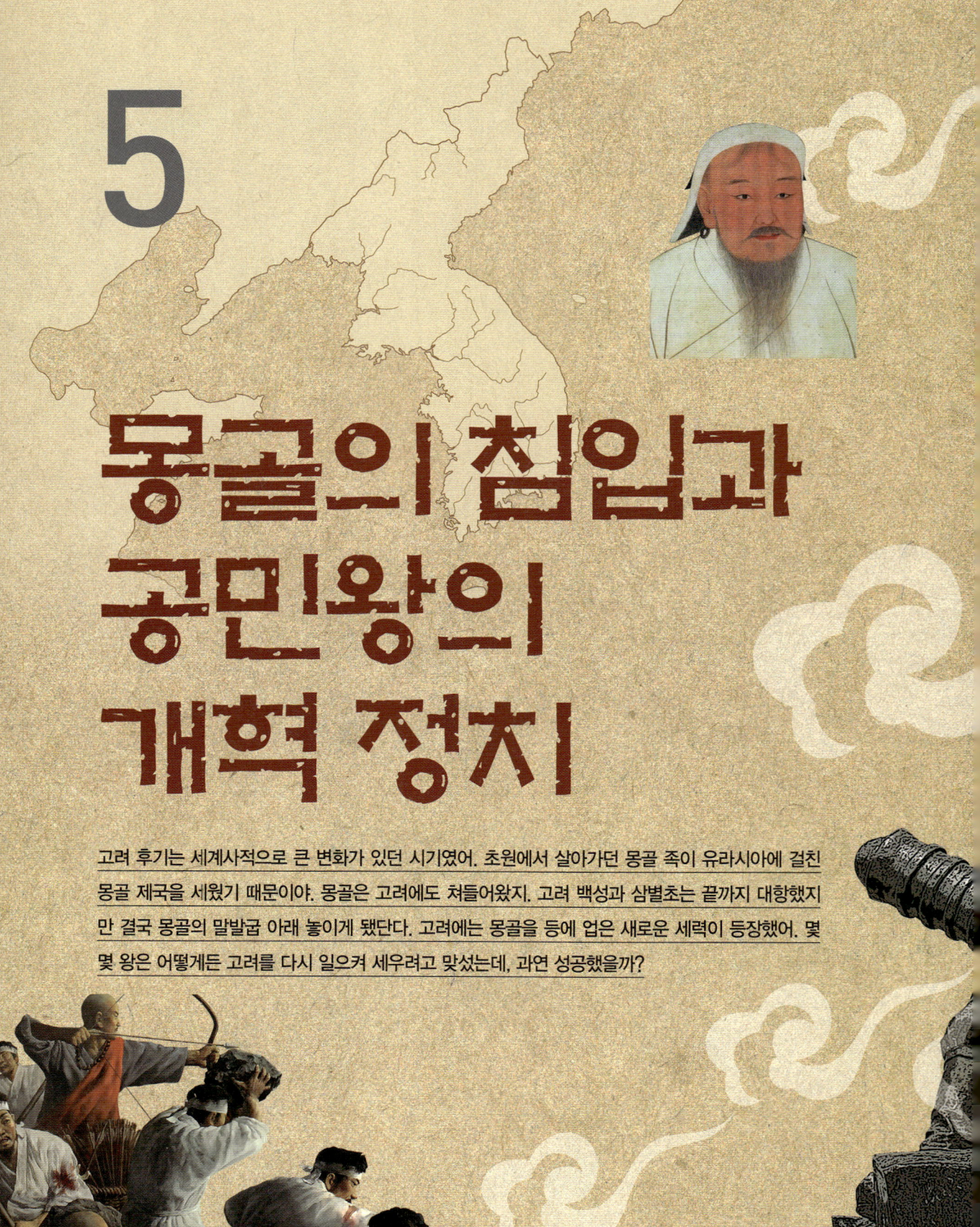

고려 후기는 세계사적으로 큰 변화가 있던 시기였어. 초원에서 살아가던 몽골 족이 유라시아에 걸친 몽골 제국을 세웠기 때문이야. 몽골은 고려에도 쳐들어왔지. 고려 백성과 삼별초는 끝까지 대항했지만 결국 몽골의 말발굽 아래 놓이게 됐단다. 고려에는 몽골을 등에 업은 새로운 세력이 등장했어. 몇몇 왕은 어떻게든 고려를 다시 일으켜 세우려고 맞섰는데, 과연 성공했을까?

몽골의 침입과 공민왕의 개혁 정치

5

몽골과의 40년 전쟁 | 삼별초, 끝까지 몽골에 맞서 싸우다 | 원나라의 내정 간섭과 권문세족 | 공민왕의 반원 자주 정책 | 새로운 정치 세력의 성장

칭기즈 칸

칭기즈 칸은 초원 여기저기에 흩어져 살았던 몽골족을 하나로 모아 몽골 제국을 세웠어. 그리고 몽골 지역부터 중국, 중앙아시아, 동유럽 일대에 이르는 거대한 제국을 이루었지. '칸'이란 몽골 등지에서 '왕' 또는 '군주'를 뜻하는 말이란다.

몽골과의 40년 전쟁

13세기 들어 중국에서는 큰 변화가 일어났단다. 1206년 칭기즈 칸이 몽골 고원에 흩어져 살고 있던 여러 부족을 통합하고 몽골 제국을 세웠거든. 이들은 크게 세력을 넓혀 갔지. 몽골은 금나라의 도읍을 공격하고 중앙아시아와 동유럽까지 정복하는 등 크게 위세를 떨쳤어.

그 무렵 고려 북방 지역에 살던 거란도 몽골군에 쫓겨 도망 다니다 고려에 침입해 왔단다(1216년). 고려는 거란군을 격퇴하기는 했지만 완전히 제압하기에는 힘이 달렸어. 그때 몽골이 함께 거란을 소탕하자고 했어.

고려는 그 제안을 받아들였지. 두 나라 군대

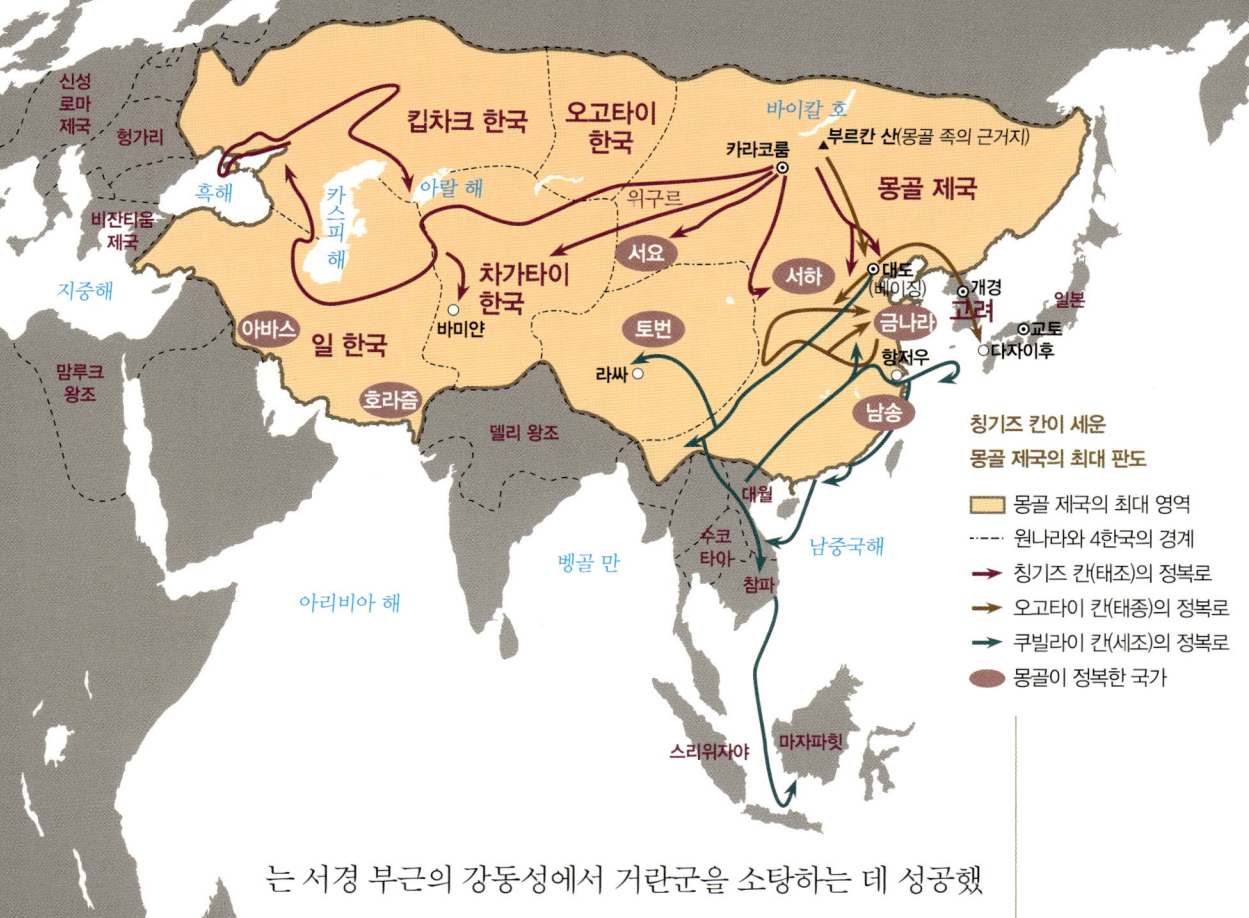

는 서경 부근의 강동성에서 거란군을 소탕하는 데 성공했어. 이 일이 계기가 되어 고려와 몽골은 형제의 나라 관계를 맺었단다.

그 후 몽골은 해마다 많은 공물을 요구하며 고려를 괴롭혔지. 그런데 뜻하지 않은 사건이 일어났어. 고려에 사신으로 왔다 돌아가던 저고여가 압록강에서 살해된 거야(1225년). 여진인이 고려의 옷을 입고 저지른 일로 생각되는데, 몽골은 고려인이 저고여를 살해했다고 주장하며 고려와 국교를 끊었어. 그리고 1231년 8월, 저고여 살해 사건의 책임을 묻겠다며 고려에 침입해 왔어. 이것이 몽골의 1차 침입이야.

살리타가 이끄는 몽골군은 삽시간에 서북 지방을 휩쓸고 개

몽골(원나라)

여진

천리장성

의주

서경

등주

개경

강화도

고려

충주

전주

동경

탐라

몽골의 고려 침입
- 1차 침입(1231년)
- 2차 침입(1232년)
- 3차 침입(1235년)

경까지 밀고 내려왔단다. 개경이 포위되자 고려 조정은 몽골에 강화를 요청했어.

몽골은 고려의 요청을 받아들여 군대를 철수했지. 그러나 72명의 다루가치를 남겨 놓고 고려를 감시하며 공물, 인질, 기술자 등을 요구했어. 다루가치는 고려의 내정에 간섭하기 위해 배치된 몽골 관리를 말해.

몽골의 지나친 요구가 계속되자 당시 정권을 잡고 있던 최우는 도읍을 강화도로 옮겼어. 바다가 있어 몽골의 침입이 어려운 강화도에서 몽골에 저항하기로 작정한 거야. 이에 자극받아 1232년, 몽골은 또다시 2차 침입을 해 왔어.

몽골군은 강화도는 제대로 공격하지 못한 채 경상도 지방까지 쳐 내려갔어. 몽골군의 횡포에 백성만 큰 피해를 입고 고통받았지. 잔인하기로 세계적인 악명을 떨치던 몽골군이었거든. 그러나 천민이 맞서 싸웠던 용인의 처인성 전투에서 장수였던 살리타가 전사하는 바람에 몽골군은 서둘러 철수했단다.

1235년에 시작된 3차 침입은 5년 동안이나 계속됐고, 피해도 그 어느 때보다 컸어. 경주에 있던 황룡사 구층목탑이 불탄 것도 이때였지. 고려의 고종은 몽골에 사신을 보내 강화를 요청했어. 몽골은 고려 왕이 직접 몽골의 도읍으로 찾아와 인사한다는 조건으로 군대를 철수시켰어.

그 후 몽골은 지배층의 권력 투쟁으로 한동안 고려에 침입하지 않았지. 그러다가 1247년 4차 침입이 있었는데, 몽골의 황제 정종이 갑자기 죽는 바람에 철수했어.

다시 1253년에 5차 침입, 이듬해인 1254년에는 6차 침입이 있었어. 이 두 차례의 침입은 고려 조정이 강화도에서 나와 개경으로 돌아오라는 몽골의 요구를 거부해서 일어났던 거야.

계속된 몽골의 침입으로 국토는 망가질 대로 망가졌어. 백성들이 겪는 고통은 그 참혹함이 밑바닥에 이르러 있었지. 고려 조정에서는 몽골과 강화를 맺자는 주장이 머리를 들었어. 그 무

황룡사 구층목탑
역사적 자료를 바탕으로 복원한 황룡사와 황룡사 구층목탑 그림이야. 황룡사는 신라에서 가장 큰 절이었어. 황룡사 구층목탑은 오늘날의 아파트 21층에 달할 정도로 높았지. 하지만 몽골의 침입에 모두 불타 없어졌단다.

5. 몽골의 침입과 공민왕의 개혁 정치

몽고정
고려 제24대 왕인 원종 때, 일본 원정을 앞둔 몽골 군사들이 말에게 물을 먹이려고 팠던 우물이란다. 물맛이 좋아 식수로도 이용하고, 술이나 간장을 만들기도 했다고 해.

렵은 몽골과 끝까지 싸울 것을 주장했던 최의가 살해되어 최씨 정권이 무너진 후였기도 해.

고려 조정은 결국 도읍을 강화도에서 개경으로 옮기겠다는 약속과 태자가 몽골 황제에게 인사하러 가겠다는 약속을 하고 몽골과 강화를 맺었어. 그리고 1270년, 강화에서 나와 개경으로 돌아왔지. 40년 동안 이어졌던 몽골과 전쟁은 이렇게 끝이 났단다.

삼별초, 끝까지 몽골에 맞서 싸우다

최우가 집권했을 당시에 삼별초라는 특수 부대를 만들었다는 이야기는 앞에서 했지. 삼별초의 처음 이름은 '야별초'였어. 이들은 '나라 안에 들끓는 도둑'을 잡는 방범 부대였지.

아주 좋은 일을 했던 부대 같지? 그런데 '나라 안에 들끓는 도둑'이 누구를 가리키는 말인지 아니? 최우는 무신 정권 아래서 고통받던 백성이 여기저기서 봉기하자, 그들을 도둑으로 몰아 잡아들이게 했어.

야별초는 그 후 숫자가 불어나 '좌별초'와 '우별초'로 나뉘었고, 몽골에 잡혀갔다 돌아온 사람들로 만든 '신의군'을 합쳐 '삼별초'가 되었단다. 삼별초는 무신 정권에 저항하는 백성을 잡아

농민과 천민의 항전

몽골이 침입하자 고려의 왕과 최씨 무신 정권은 자기들 살길을 찾아 강화도로 도망쳤어. 그러나 육지에서는 농민과 천민이 곳곳에서 몽골군과 맞서 싸웠단다. 나라는 더 이상 믿을 수 없게 됐고, 농민과 천민은 스스로 자신을 지키지 않으면 안 됐지. 그래서 도망치기에 바쁜 관리와 관군 들보다 훨씬 용감하게 싸웠어.

1차 침입 때는 귀주성에서 박서의 지휘 아래 관군과 백성이 힘을 합쳐 끝까지 성을 지켰어. 또 충주성에서는 관리들이 도망가자 노비와 천민이 뭉쳐서 몽골군을 물리쳤단다.

2차 침입 때는 부곡 천민의 활약이 눈부셨어. 경기도 용인에는 처인성이라고 부르는 흙으로 쌓아 올린 나지막한 성이 있어. 특별 행정 구역인 부곡이 있던 자리야. 부곡에 사는 사람들은 소에 사는 천민처럼 일반 농민보다 더 천대받던 사람들이었지.

몽골군이 침입해 오자 부곡에 사는 천민들은 모두 처인성 안으로 몸을 피했어. 처인성에는 김윤후라는 승려가 있었지. 김윤후는 부곡민을 지휘해 몽골군과 맞섰어.

몽골 장수 살리타는 처인성쯤이야 단숨에 짓밟아 버릴 거라고 생각했지만, 처인성 사람들의 강한 저항에 부딪쳐 좀처럼 성을 무너뜨릴 수 없었지. 오히려 자신만만하던 살리타는 전투 중 화살에 맞아 죽고 말았단다. 총사령관이 전사하자 몽골군은 서둘러 철수했어. 부곡의 천민이 세계 최강의 군대였던 몽골군을 물리친 거야.

그 밖에도 고려 백성은 곳곳에서 몽골군에게 강력히 저항하며 몽골군을 괴롭혔단다.

처인성 전투 기록화

원나라

삼별초의 대몽 항쟁
→ 몽골의 침입로
→ 삼별초의 이동 방향
→ 삼별초의 항전 방향

배중손(1270~1271년)
김통정(1271~1273년)

귀주, 안북부, 서경, 수안, 개경, 강화, 남경, 처인성(용인), 죽주, 원주, 충주, 직산, 공주, 청주, 상주, 대구, 동경, 해양(광주), 전주, 합천, 나주, 용장성(진도), 탐라

고려

들이는 일은 물론, 무신 정권 권력자들을 호위하고 권력 싸움에 동원되는 등의 사병 노릇을 했단다.

1270년 5월, 고려 조정은 도읍을 강화로 옮긴 지 39년 만에 개경으로 돌아왔지. 그러나 삼별초는 개경으로 돌아가기를 거부하며 반란을 일으켰어. 그때는 이미 무신 정권이 막을 내렸을 때라서, 개경으로 돌아가면 무신 정권의 사병 노릇을 하며 여러 가지 옳지 못한 일을 했던 것 때문에 처벌받지 않을까 두려웠던 거야.

조정이 개경으로 떠난 다음 달이었어. 삼별초는 배중손이 중심이 되어 승화후 왕온을 새로운 왕으로 뽑고 관리도 뽑아 반란을 일으켰지. 그리고 몽골과 고려의 연합군이 공격해 오자 전라남도 진도로 근거지를 옮겼어. 그때 진도로 떠나는 배가 1천여 척이나 됐다고 하니, 삼별초의 규모가 얼마나 대단했는지 짐작할 수 있겠지?

진도에 새 근거지를 마련한 삼별초는 전라도와 경상도 해안 지역을 장악하고 탐라(제주도)까지 세력 안에 넣으며 몽골에 대한 항전을 계속했어. 그 후 그들이 왕으로 모셨던 승화후 왕온과 배중손이 죽자, 김통정이 삼별초의 새로운 지도자가 되었어. 그리고 근거지도 진도에서 탐라(제주도)로 옮겼단다.

3년 반 동안 계속되었던 삼별초의 항전은 1273년 고려와 몽골의 연합군에 진압되면서 막을 내렸어. 연합군 함선 160여 척이 탐라를 공격했고, 삼별초는 있는 힘을 다해 싸웠지만 무너지고 말았단다. 그리고 김통정은 부하 70여 명과 함께으로 들어가, 그곳에서 자결했다고 해.

강화도로 옮겨 간 고려 조정

강화도에는 고려의 궁궐 터가 남아 있어. 1232년 몽골이 다시 침입하자, 당시 무신 정권을 이끌었던 최우는 조정을 강화도로 옮겼지. 그리고 개경의 궁궐을 본뜬 궁궐을 지었어. 하지만 지금은 일부만 남아 있고, 조선 시대에 지은 관아가 대신 자리하고 있단다.

삼별초의 반란을 어떻게 생각하니? 비록 처음에는 삼별초가 무신 정권의 사병 노릇을 했지만, 대제국을 건설해 막강한 세력을 떨치던 몽골과 끝까지 맞서 싸웠다는 것은 고려인의 자주성을 보여 주는 자랑할 만한 일이라고 생각되지 않니?

삼별초가 그처럼 끈질기게 몽골에 맞서 저항할 수 있었던 것은 백성으로부터 크나큰 지지를 받았기 때문이기도 해. 삼별초가 무너진 후 더 이상 몽골에 맞설 세력은 없었지.

원나라의 내정 간섭과 권문세족

이제 몽골과의 전쟁이 끝난 후 무슨 일이 일어났는지를 이야기할 차례가 된 것 같구나. 고려 조정이 강화도에서 나와 개경으로 돌아오면서 전쟁이 끝났다는 이야기는 앞에서 했지?

그 후 고려는 80여 년 동안 독립된 나라로서 그런대로 모양은

원나라에서 충선왕을 모시던 성리학자 이제현 초상화
이제현은 충선왕이 원나라에 있었을 때 곁에서 모신 충신이었어. 이때 원나라에서 성리학을 접하고 고려로 들여왔지. 또 충선왕, 충목왕, 공민왕의 개혁을 지지한 관리이기도 했어. 원나라의 내정 간섭을 비판하고, 고려의 주권을 지키기 위해 많은 노력을 기울였단다.

유지했지만, 원나라의 온갖 내정 간섭에 시달리게 됐단다. '원나라'는 몽골이 중국을 차지하고 세운 나라야.

먼저 고려의 왕은 원나라의 공주와 결혼해야 됐어. 고려는 원나라의 부마국(사위 나라)이 된 거였지. 또 왕자가 태어나면 원나라로 보내야 했어. 고려의 왕자는 원나라의 교육을 받으며 성장했고, 그 후에 귀국해서 왕이 되었어.

왕실의 호칭이나 관직의 이름도 원나라보다 낮춰 사용해야 했지. '폐하'는 '전하'로, '태자'는 '세자'로 말이야. 또 '원나라에 충성한다.'는 뜻에서 왕의 이름 앞에는 '충(忠)' 자를 붙였어. 제25대 충렬왕부터 충선왕, 충숙왕, 충혜왕, 충목왕 그리고 제30대 충정왕까지 모두 '충' 자가 붙었지.

또 전쟁 중 빼앗은 고려 땅에 쌍성총관부(화주), 동녕부(서경), 탐라총관부(제주)를 설치해서 원나라가 직접 다스렸단다. '정동행성'을 설치하고 고려를 일본 원정에 강제로 끌어들이기도 했지. 두 차례의 일본 원정은 모두 태풍으로 실패했고, 그 피해는 고스란히 고려의 몫이 되었어. 전쟁 준비를 모두 고려가 했으니까. 뿐만 아니라 일본 원정이 실패로 끝난 후에도 원나라는 정동행성을 통해 고려의 내정에 간섭했단다.

그뿐이 아냐. 금은, 인삼, 자기, 해동청(사냥용 매) 등의 특산품은 물론, 고려의 처녀까지 원나라로 보내라고 요구했어. 그래서 조정에서는 '결혼도감'이라는 관청을 만들고 처녀를 징발해서 원나라로 보냈지. 이렇게 끌려간 처녀를 '공녀'라고 해.

공녀는 대부분 원나라 궁중에서 궁녀로 일하거나 관리의 첩 또는 노비가 되었어. 그렇지만 더러는 높은 관리의 부인이 되기도 했지. 원나라 황제였던 순제의 황후가 되어 큰 권세를 누린 경우도 있었단다. 순제의 황후가 된 사람은 바로 고려 출신의 기황후였어.

원나라의 간섭이 이어지면서 고려에는 '권문세족'이라 불리는 새로운 지배 계층이 등장했단다. 이들 중에는 원나라 이전부터 권세를 누리던 사람도 있었지만, 대부분은 원나라를 등에 업고 새롭게 권세를 누린 사람들이었어.

권문세족은 권력을 독점하고 온갖 횡포를 부렸지. 강제로 백성의 땅을 빼앗기도 하고, 국가에서 토지 소유를 인정한 것처럼 속여 넓은 땅을 차지하기도 했단다. 그래서 커다란 농장을 경영했어.

큰 농장에는 일할 노비가 많이 필요했지. 권문세족은 백성을 강제로 노비로 삼았어. 때로는 땅을 빼앗겨 살길이 막막해진 농민이 스스로 노비가 되기도 했지.

권문세족의 이 같은 횡포로 노비의 수가 크게

수령 옹주 묘지명
수령 옹주는 고려 왕족인 왕온과 혼인하여 3남 1녀를 낳고 홀로 키웠어. 그러던 중 딸을 원나라에 공녀로 보내게 되었지. 슬픔을 이기지 못한 수령 옹주는 병을 얻어 죽고 말았어. 묘지명에는 딸을 떠나보낸 수령 옹주의 슬픔을 담은 글이 실려 있어.

늘어나면서 세금을 내는 농민의 수가 줄어들었어. 그래서 나라 살림이 점점 어려워졌지.

권문세족은 그런 문제는 조금도 아랑곳하지 않고 자기들 잇속 챙기는 데에만 눈에 불을 켰어. 그런 문제를 바로잡으려는 개혁의 움직임이 없었던 것도 아니었지만, 원나라의 간섭과 권문세족의 반발로 실패했어.

공민왕의 반원 자주 정책

14세기 중엽에 이르러 중국에서는 한족의 반란으로 원나라의 세력이 점점 약해지기 시작했어. 이 무렵 왕의 자리에 오른 사람이 공민왕이었지.

공민왕은 충혜왕의 동생으로 열두 살 때 원나라에 가서 교육을 받으며 성장했어. 그 후 원나라의 노국 대장 공주와 결혼했지. 그리고 스물두 살 때 고국으로 돌아와 충혜왕의 뒤를 이어 왕이 됐단다.

공민왕은 밖으로는 적극적인 반원 자주 정책을 펴고, 안으로는 고려 사회의 잘못된 일을 바로잡는 개혁에 착수했어. 먼저 대표적인 친원파인 기철을 제거하고 왕권을 강화했지. 기철은 원나라에 공녀로 갔다가 순제의 황후가 된 기황후의 오빠야.

○ **한족**

흔히 '중국인'이라 부르는 중국의 대표 민족이야. 중국과 타이완 인구의 대부분을 차지하고 있지. 중국은 한족 외에 55개 소수 민족으로 이루어져 있어.

또 공민왕은 내정 간섭 기구인 정동행성을 폐지하고, 쌍성총관부를 공격해서 원나라가 다스리던 철령 이북 땅을 99년 만에 되찾았단다.

원나라의 간섭으로 바뀌었던 중앙 관제도 본래대로 돌려놓고, 원나라의 연호도 사용하지 못하게 했어. 몽골로 보냈던 공녀도 더 이상 보내지 않았지. 또 변발과 호복 같은 몽골식 생활 풍습도 금지시켰어.

그리고 백성의 어려운 생활을 보살피기 위한 개혁도 단행했단다. 공민왕은 온갖 권세를 누리던 권문세족을 누르고 개혁을 단행하기 위해 승려인 신돈을 등용했어. 승려를 등용한 것은 권문세족과 관계가 없는 인물인 데다, 승려이기 때문에 개인적인 욕심을 부리지 않고 개혁을 추진하기에 알맞다고 생각한 거야.

공민왕과 신돈은 '전민변정도감'이라는 관청을 설치해서, 권문세족이 불법으로 강탈했던 농민의 토지를 본래 주인에게 돌려주었어. 또 농장의 노비들도 양인으로 해방시켜 주었단다.

공민왕의 글씨로 전해지는 안동 영호루 현판 글씨 탑본첩

공민왕은 정치적 능력뿐 아니라 그림과 글씨에도 뛰어난 재능이 있던 왕이었어. 특히 현판 글씨처럼 큰 글씨를 잘 썼다고 해. 영호루 현판은 홍건적의 침입을 피해 안동으로 피난 갔던 공민왕이 직접 쓴 거야.

5. 몽골의 침입과 공민왕의 개혁 정치

공민왕의 개혁은 농민으로부터는 큰 환영을 받았지만 권문세족은 강하게 반발했지. 자기들이 가지고 있는 것을 모두 빼앗기지 않을까 겁났던 거야.

권문세족은 개혁의 중심에 있던 신돈을 제거할 음모를 꾸몄어. 신돈이 왕이 되려 한다고 공민왕에게 고해바친 거야.

신돈은 결국 그 때문에 처형되고 말았어(1371년). 그럼 공민왕

● 몽골풍과 고려양

고려가 몽골의 내정 간섭을 받게 되면서 두 나라는 서로 왕래가 잦아졌어. 몽골의 풍습이 고려에 들어오고, 고려 풍습이 원나라에서 유행하기도 했단다. 고려에 들어온 몽골의 풍습을 '몽골풍', 원나라에서 유행했던 고려의 풍습을 '고려양'이라고 해.

대표적인 몽골풍으로는 몽골식 머리 모양과 옷이 있어. 원나라에서 자란 왕자들이 고려로 돌아올 때 몽골식 머리를 하고 몽골식 옷을 입고 돌아왔기 때문이야. 이것은 공민왕 때 반원 정책을 쓰면서 금지됐어.

그러나 몽골의 언어와 풍속 중에는 지금까지 남아 있는 것도 있어. '장사치' '벼슬아치'처럼 사람을 가리킬 때 단어 끝에 '치' 자를 붙인다거나, 임금에게 올리는 음식상을 '수라'라고 하는 것은 몽골 어에서 비롯됐어. 또 만두·설렁탕·소주와 같은 음식 문화와, 두루마기 같은 의복도 몽골의 영향을 받은 것이라고 해.

신부가 뺨에 연지를 찍는 풍습이라든가 여자가 옷고름에 차는 장도 등도 몽골풍이라 말하기도 하는데, 고구려나 백제 등의 삼국 시대에도 비슷한 풍습이 있었다고 해. 그래서 이것을 몽골풍으로 보는 것은 알맞지 않을 것 같아.

몽골에서 유행했던 고려의 풍습으로는 의복·신발·모자 등의 차림새와, 만두와 떡 같은 음식, 아청(검은색을 띤 푸른빛)의 그릇 등을 들 수 있어. 그와 같은 고려양은 지금까지도 흔적이 남아 있어. 몽골에서는 '고려만두' '고려병' '고려아청' 같은 말을 사용하고 있단다.

은 정말 신돈이 왕이 되려는 음모를 꾸몄다고 믿었을까?

그렇지는 않았던 것 같아. 공민왕도 신돈의 세력이 너무 커지는 상황을 바라지 않았던 것이 아닐까 하고 생각돼. 신돈은 백성들에게 '성인'이라는 말을 들을 만큼 세력이 커지고 있었거든. 그 후 북쪽에서는 홍건적, 남쪽에서는 왜구가 침입해 나라가 어수선해지면서 공민왕은 더 이상 개혁을 추진할 수 없게 되었어. 그리고 공민왕도 신돈이 처형된 지 3년 후인 1374년에 신하의 칼에 살해됐단다.

공민왕의 개혁은 이렇게 결실을 맺지 못하고 끝났지. 그렇지

> ● **홍건적**
>
> 원나라의 세력이 약해진 틈을 타서 일어난 한족의 농민 반란 세력을 말해. '머리에 붉은 두건을 쓴 도적'이라는 의미란다.

공민왕릉 현릉
북한의 개성에 있는 공민왕과 노국 대장 공주의 능이야. 공민왕은 사랑하는 노국 대장 공주를 위해 큰 왕릉을 만들고, 섬세한 조각상으로 꾸몄어. 왼쪽이 공민왕의 능인 현릉, 오른쪽이 노국 대장 공주의 능인 정릉이란다.

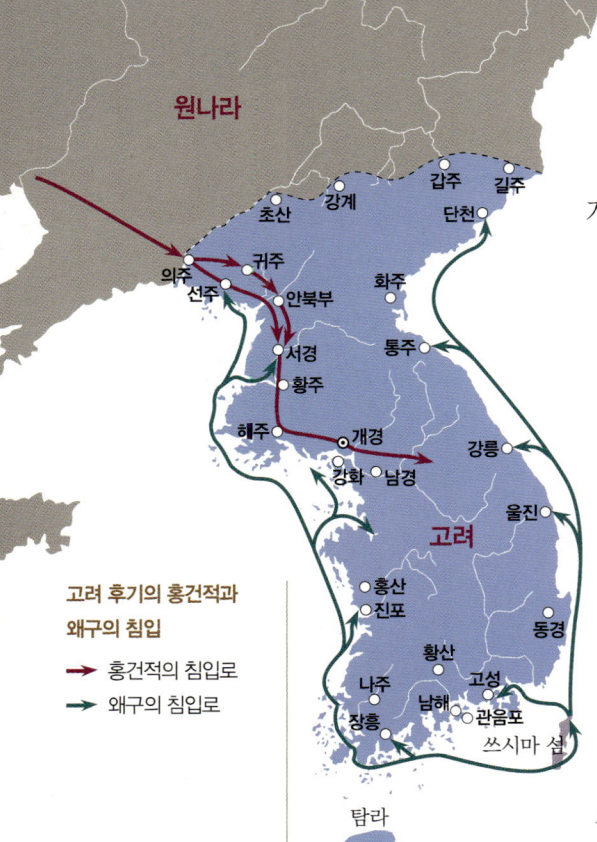

고려 후기의 홍건적과 왜구의 침입
→ 홍건적의 침입로
→ 왜구의 침입로

만 고려의 자주성 회복에 이바지했고, 새로운 세력으로 등장한 신진 사대부가 개혁을 추진하는 데 밑거름이 됐단다.

새로운 정치 세력의 성장

공민왕의 개혁 정책으로 과거 제도와 교육 제도가 정비되면서 새로운 정치 세력이 빠르게 성장했어. 이들은 권문세족과 달리 대부분 지방 출신이었고, 과거를 통해 중앙 관직에 진출한 사람들이었어. 또 경제적으로는 중소 지주였지.

이들을 '신진 사대부'라고 해. 신진 사대부는 권문세족과 불교 사원의 횡포에 맞서 개혁을 주장했어. 또 권문세족이 등에 업고 있는 원나라를 내치고, 중국에서 새로 일어난 명나라와 외교 관계를 맺으려고 했지.

한편 공민왕이 개혁 정치를 펼치고 있을 무렵의 고려에는 홍건족과 왜구의 침입이 잦았어. 홍건족이 북쪽에서 쳐들어와 공민왕이 경상북도 안동까지 피난을 가기도 했지.

왜구는 일본 쓰시마 섬과 규슈를 근거지로 활동했던 해적을 일컫는 말이야. 왜구는 일찍부터 고려 해안에 침입해 노략질을

고려 시대의 생활과 문화

6

고려 시대의 여러 종교 | 고려 시대 외국과의 교류와 코리아 | 고려 시대 문화의 특징 | 고려 시대의 세계적인 자랑거리 | 고려 시대의 역사책

대각 국사 의천
대각 국사 의천은 고려 문종의 넷째 아들이었어. 그러나 승려가 되어 송나라로 유학을 떠났지. 유학을 끝낸 뒤에는 우리나라 최초로 천태종을 들여왔어. 또 불경인 《속장경》을 만들기 위해 흥왕사에 교장도감을 세웠어.

고려 시대의 여러 종교

어떤 시대에 대해서 제대로 알려면 그 시대의 종교를 알아보는 것이 중요해. 종교를 알면 그 시대 사람들이 무슨 생각을 했으며 어떻게 살았는지를 알 수 있거든.

먼저 고려 시대의 불교를 알아볼까?

고려 시대에는 왕실부터 천민에 이르기까지 불교가 일상생활에 깊이 뿌리내리고 있었어. 그래서 다양한 불교문화가 꽃피고, 불교는 나라의 적극적인 뒷받침을 받으며 크게 발전했지.

태조 왕건은 개경에 사원을 여럿 지었어. 또 〈훈요십조〉에 불교를 숭상하고 연등회와 팔관회를 성대하게 열라고 당부하기도 했어. 광종은

승과 제도를 실시하고, 승려가 국가와 왕실의 자문에 응하는 국사와 왕사 제도를 두었단다.

승과에 합격하면 과거에 합격한 관리처럼 품계를 받았어. 처음에 대선이라는 품계를 받아. 이후 대덕, 대사, 중대사, 삼중대사 등으로 올라가 왕사와 국사 자리까지 오르게 되지. 국사는 나라의 스승으로 승려가 오를 수 있는 가장 높은 자리고, 왕사는 왕의 스승으로 국사 바로 아래 자리야.

불교 사상도 크게 발전했단다. 대각 국사 의천은 송나라에서 유학하고 돌아와 해동 천태종을 새로 열었어. 교종과 선종으로 분열되어 있던 고려의 불교를 통합하려고 했던 거야.

영통사 대각 국사비 탑본
북한의 개성 영통사 터에는 대각 국사 의천의 업적을 새긴 비석이 남아 있어. 이것은 그 비석의 글자를 떠낸 탑본, 곧 탁본이란다. 비석에는 의천이 송나라에서 천태종과 화엄종을 배운 과정과, 고려에 돌아와 천태종을 전파했다는 내용이 있어.

그럼 유교는 고려 사회에서 어떤 위치에 있었을까?

유교는 고려 정치의 바탕이 되는 사상으로 자리 잡았어. 태조 왕건 때부터 신라의 6두품 출신 유학자를 관리로 등용했고, 광종 때는 유학 지식을 시험 보는 과거 제도를 실시했지.

성종 때는 최승로의 건의를 받아들여 유교가 더욱 적극적인 통치 이념이 되었어. 또 개경에는 최고 학부인 국자감을, 지방에는 향교를 세워 유학 교육을 장려했지.

유학이 발달하면서 이름난 학자가 사립 학교를 세우기도 했어. 그중에서 최충이 세운 구재학당이 가장 유명해.

최충은 중국의 공자에 견주어 '해동공자'라고 불릴 만큼 빼어난 유학자였어. 고려 시대 최고의 관직인 문하시중을 지냈는데, 벼슬에서 물러난 후 송악산 기슭에 구재학당을 열었단다.

구재학당에는 많은 인재가 모여들어 공부했어. 그들 중에는 과거에 합격한 사람도 많이 있었지. 구재학당은 최충이 세상을 뜬 후 그의 시호를 따라 '문헌공도'라고 불리게 됐어.

유학이 중요한 학문으로 자리 잡으면서 높은 유학 지식을 갖춘 승려나, 반대로 과거에 급제하여 관리로 있다가 승려가 되는 경우도 생겼단다. 어느 한 종교에 머물지 않고 종교의 경계를 넘나든 사람들이었지.

고려 후기에는 원나라와 활발한 교류가 이루어지면서 성리학이 새로 들어왔어. 성리학은 유교의 한 갈래로 송나라 때 주희라는 학자가 연구하고 정리했어. 우주의 원리와 인간 마음씨

영주 부석사 조사당
(국보 19)
경상북도 영주시에 있는 부석사의 조사당은 고려 시대의 대표적인 사원 건축물 가운데 하나야. 고려 우왕 때 의상 대사의 초상을 모시고자 지었지.

의 바탕을 연구하는 학문이지. '우주에 존재하는 모든 것은 어떻게 만들었는가?' '인간의 마음씨는 본래 선한 것일까, 악한 것일까?' 이런 문제 말이야. 어떠니, 꽤 어려운 학문 같지?

성리학을 고려에 처음 소개한 사람은 충렬왕 때의 안향이었어. 그 후 성리학은 고려의 지식인 사이에 널리 퍼져 나갔어. 또 뒷날 신진 사대부들이 사회 개혁의 이념으로 받아들여서 조선 건국의 사상적 바탕이 되었단다.

안향 초상
안향은 고려 충렬왕 때의 학자야. 우리나라에서 처음으로 주자학, 곧 성리학을 연구한 사람이기도 해. 안향은 우리나라와 원나라를 오가며 직접 유교 경전을 들여오고 베껴 쓰는 등 유학의 성장을 위해 많은 노력을 기울였단다.

다시 불교 이야기를 해 볼까?

고려 후기에 접어들면서 불교계에는 혁신 운동이 일어났어. 불교가 외형적인 발전에만 정신을 쏟고 있다는 비판이 일어났기 때문이야. 불교 개혁에 앞장선 승려는 보조 국사 지눌이었지. 지눌은 승려 본연의 자세로 돌아갈 것을 주장하며 '수선사'라는 조직을 만들고 불교 개혁 운동을 이끌어 갔어.

그러나 불교계는 왕실 및 권문세족과 결탁하면서 다시 부패했어. 당시 불교 사원은 넓은 농장을 소유하고 고리대금업을 하는 등 권문세족 못지않게 많은 잘못을 저지르며 횡포를 일삼았단다.

고려 시대에는 불교와 유교 외에도 도교와 풍수지리설이 나라 살림과 개인 생활에 커다란 영향을 미쳤단다. 도교는 늙지 않고,

오래 살며, 재앙을 면하고, 복받기를 기원하는 종교야. 풍수지리설은 도읍을 정하거나 궁궐, 사찰, 집 등을 짓는 데 활용되었어. 또 고려인들은 마을의 수호신인 성황신을 받들어, 죽은 후의 세상이 아닌 지금 살고 있는 세상에서 복을 받으려 했단다.

고려 시대 외국과의 교류와 코리아

고려 시대에는 아라비아 상인이 멀리서 험한 바다를 건너 찾아올 정도로 다른 나라와 교류가 활발했어. 가장 교류가 잦았던 곳은 역시 중국 송나라야. 요나라(거란)나 금나라(여진)와는 경제적 이득이 적어 송나라만큼 교류가 활발하지 못했지.

그래도 거란이나 여진의 생계유지를 위한 침입을 막기 위해 교류를 이어 갔단다. 수출품은 주로 곡식·옷감·문방구·농기구 등이었고, 수입품은 은·모피·군사용 말 등이었어. 또 여진의 요구로 농사짓는 데 필요한 소를 보내 주기도 했지.

송나라와 교역에서는 비단·차·약재·책 등을 주로 수입했어. 또 물소 뿔·상아·비취·공작새·앵무새 같은 사치품이 들어오기도 했지. 수출품은 삼베·모시·인삼·종이·먹 등이었어. 그중에서 인삼은 뛰어난 효능을 인정받아 가장 인기 있는 수출품이었고, 종이도 흰 빛깔에 윤

'단산오옥' 고려 먹
고려가 외국으로 수출한 물건은 무척 다양했어. 그중 하나가 바로 먹이 었지. 특히 품질 좋기로 손꼽혔던 먹은 '단산오옥'이었어. '단산'은 충청북도 단양의 옛 이름이고, '오옥'은 '좋은 먹'이라는 뜻이야. 즉 '단산의 좋은 먹'이라는 뜻이란다.

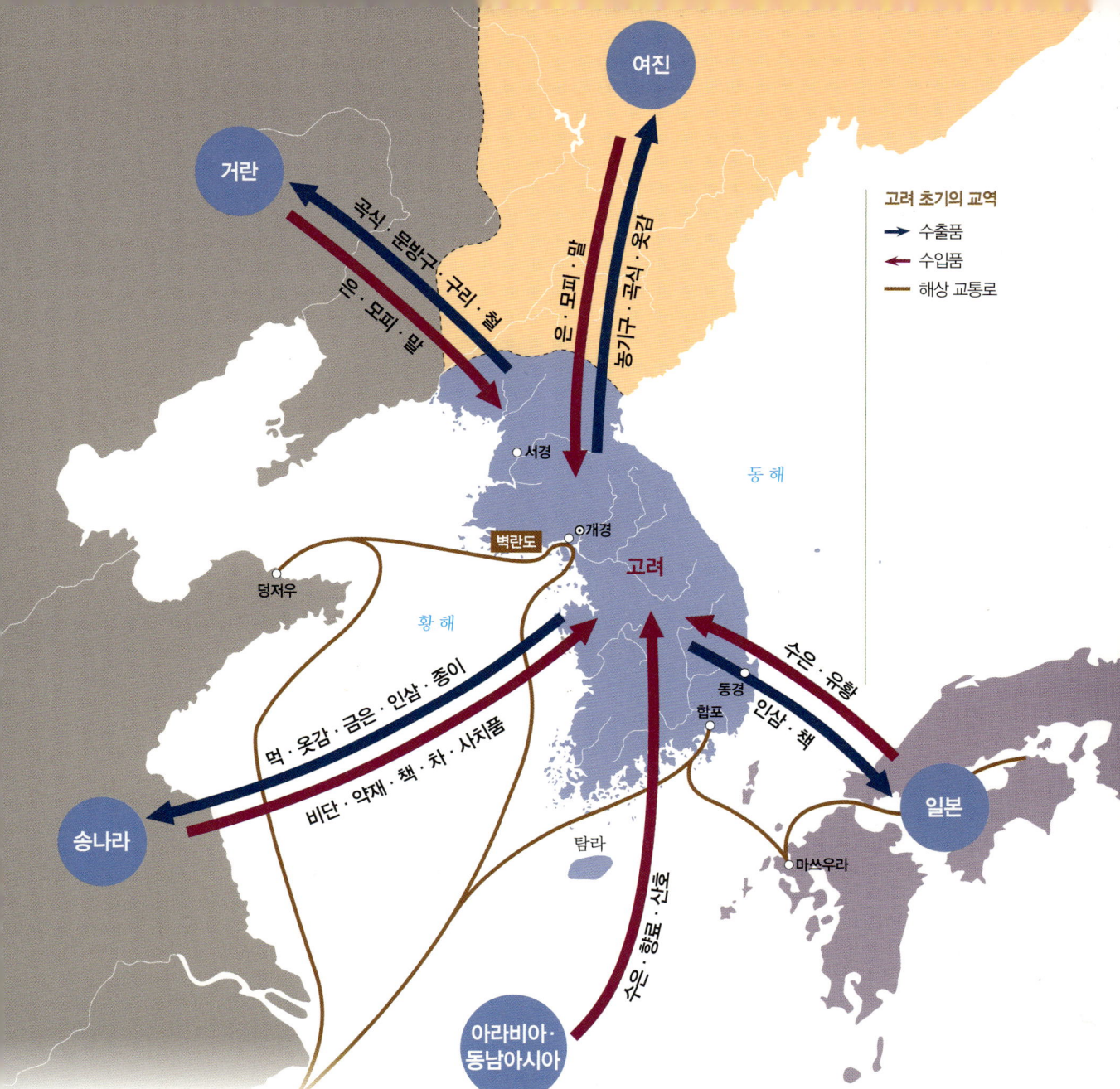

이 나고 질겨서 인기를 끌었던 수출품이었지.

다른 시대에 비해 일본과의 교류는 그리 활발하지 못했어.

그럼 고려는 많은 나라와 어떻게 물건을 사고팔았을까?

여진이나 거란과는 북쪽 국경 지역, 그러니까 육로를 통해 교

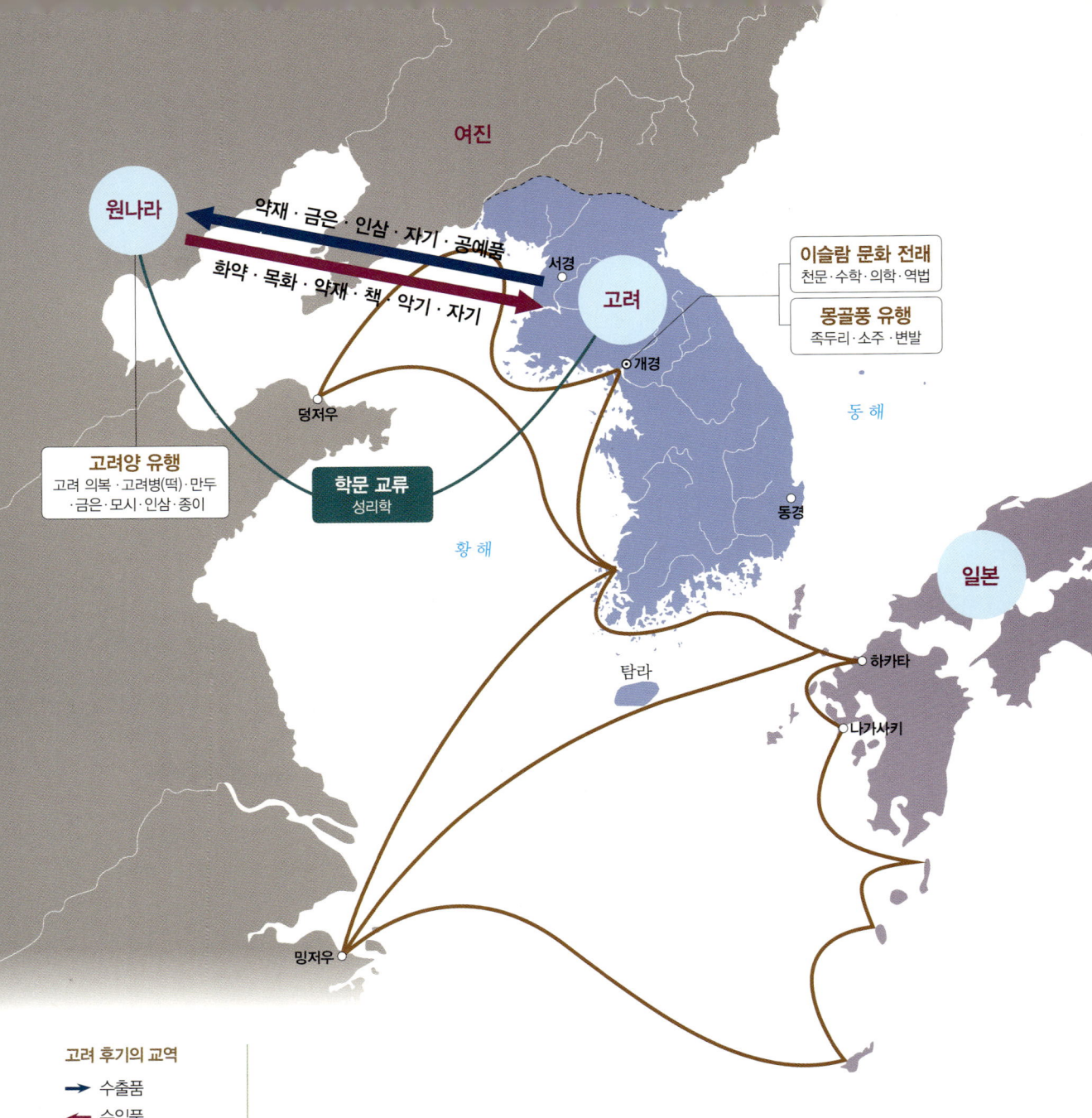

역이 이루어졌어. 그러나 정말 활발한 교역이 이루어진 곳은 바닷길이었지.

예성강이 황해로 흘러드는 입구에 '벽란도'라는 항구가 있었어. 끝에 '도' 자가 붙으니 마치 섬 같지? 그러나 벽란도는 섬이 아냐. 옛날에는 육지에 딸린 항구에 '도' 또는 '진'이라는 말을 흔히 붙였어. '삼전도'나 '노량진'처럼 말이야. 그러니까 '도'나 '진'은 배가 드나드는 항구라는 뜻이지.

벽란도는 강의 수심이 깊어서 배가 드나들기에 좋고, 도읍인 개경과도 가까워서 무역항으로 아주 좋은 조건을 갖추고 있었지. 개경에서 벽란도까지 거리가 30리 정도밖에 되지 않았으니까.

벽란도에는 송나라는 물론 일본, 중앙아시아, 동남아시아 그리고 멀리 아라비아 반도에서 온 상인까지 있었어. 이처럼 많은 외국인이 찾아오다 보니, 벽란도에는 외국 상인과 사신이 머무는 '벽란정'이라는 숙박업소까지 생겼단다.

우리나라가 '코리아(Korea)'라는 이름으로 외국에 알려지게 된 것도 이 무렵부터야. 우리나라를 다녀간 아라비아 상인이 '고려'를 '코리아'라고 부르기 시작했어. 그래서 '코리아'가 우리나라의 이름이 됐어. 고려인은 아라비아를 '대식국'이라고 했지.

배를 타고 벽란도에 도착한 외국 상인들은 가지고 온 물건 중에서 가장 좋은 것을 왕에게 바친 후 장사를 시작했어. 많은 외국 상인이 찾아오다 보니 개경은 상업이 크게 발달했어. 벽란도에서 개경에 이르기까지 가게가 줄지어 있어서, '비 오는 날 가게 추녀 밑으로 걸으면 비 한 방울 맞지 않고 개경까지 올 수 있다.'는 이야기가 있을 정도였단다.

개경 상인은 장사 솜씨도 뛰어났다고 해. 그래서 '송상'이라고 하면 조선 시대까지도 알아줬지. 개경을 '송악'이라고도 하지? 송상은 그 송악 상인에서 나온 말이야.

고려 시대 문화의 특징

불교가 크게 융성했던 고려에서는 불상, 불화, 석탑, 사원 건축물 등 다양한 불교문화가 발달했단다.

건국 초기, 지방 호족 출신이 지배층을 이루고 있던 때의 불교 예술품은 투박하고 개성이 강했어. 그 후 문벌 귀족이 지배층으로 자리 잡으면서 고려 문화에 세련되고 정교한 귀족 취향이 반영되기 시작했지. 따라서 고려 시대 문화의 특징은 불교문화와 귀족 문화가 어우러져 꽃핀 문화라고 할 수 있어.

그럼 분야별로 하나하나 자세히 알아보도록 할까?

논산 관촉사 석조미륵보살입상
(보물 218)

'은진미륵'이라는 이름으로 익숙한 불상이야. 고려 광종 때인 968년에 만들었지. 우리나라에서 제일 큰 불상으로 높이가 18미터나 된단다. 몸집에 비해 얼굴이 큰 편이라서 지방 호족이 만든 불상이 아닐까 짐작하고 있어.

먼저 불상에 대해서 알아보자꾸나.

고려 시대의 불상은 철, 돌, 점토, 종이 등 여러 가지 재료로 만들었어. 그리고 규모는 크지만 못생겼다는 것이 특징이야. 키에 비해 머리 부분이 너무 커서 균형이 맞지 않고, 얼굴 표정도 신라 불상처럼 우아하고 세련된 모습은 아냐.

고려 시대에 못생긴 불상이 많은 까닭은 지방에서 만든 것이 많았기 때문이야. 호족을 비롯한 지방의 여러 계층 사람들이 돈을 내놓아 만든 불상이어서, 왕실에서 최고의 기술자를 동원해서 만든 불상보다 솜씨가 떨어질 수밖에 없었지.

우리나라에서 가장 큰 석불(돌로 만든 불상)인 논

산 관촉사의 석조미륵보살입상(보물 218)과 파주 용미리의 마애이불입상(보물 93)은 큼지막한 머리 모양과 자연스러운 생김새 등 고려 시대 석불의 특징을 잘 보여 주고 있어.

그러나 고려 시대의 불상이 모두 못생기기만 한 것은 아냐. 강릉 한송사 터 석조보살좌상(국보 124)이나 영주 부석사에 있는 소조여래좌상(국보 45)은 신라 불상의 양식을 닮은, 우아하고 빼어난 귀족적 세련미를 보여 주고 있지. 참, 입상은 서 있는 모습의 불상을, 좌상은 앉아 있는 모습의 불상을 말한단다.

한송사 터 석조보살좌상
(국보 124)
부드럽게 미소 짓고 있는 이 불상은 다른 불상들과 다른 점이 하나 있어. 바로 재료야. 우리나라의 석불은 보통 화강암으로 만들어. 그렇지만 이 불상은 화강암이 아닌 흰 대리석으로 만들었단다.

이번에는 불화에 대해서 알아볼까?

불화가 뭐냐고? 불교에 대한 종교적인 생각을 그린 그림을 불화라고 해. 고려 시대의 불화는 대부분 왕실이나 귀족의 후원으로 유명한 화원(화가)들이 그렸어. 그래서 호화롭고 정교한 귀족적 분위기가 돋보이지. 또 중국이나 일본의 불화와 달리 금가루를 많이 사용했어.

화엄경 그림
검푸른 바탕에 금색이 반짝거리는 이 불화의 다른 이름은 〈대방광불화엄경권〉이야. 금가루를 아교풀에 개어서 감색 종이 위에 그렸지. 고려 시대에는 이처럼 진짜 금가루를 사용해 그린 불화가 무척이나 많았어.

6. 고려 시대의 생활과 문화 | 105

천산에서의 수렵
공민왕이 직접 그린 그림이야. 기다란 비단에 사냥하는 사람들의 모습을 담았지. 하지만 지금은 그림이 조각나, 일부만 전하고 있어.

고려 시대의 대표적인 불화를 꼽으라면 〈수월관음도〉를 꼽을 수 있을 거야. 그런데 아쉽게도 고려 후기의 왜구의 침입과 임진왜란 때의 약탈로 우리나라에 남아 있는 고려 불화는 많지 않아. 오늘날까지 전하는 고려 시대의 불화는 1백 점 정도인데, 우리나라에 있는 것은 열 점도 안 돼.

고려 시대 사람들은 불화만 그리고 일반 그림은 안 그렸을까? 왜 안 그렸겠어. 그렇지만 이것도 남아 있는 것이 아주 적어. 참, 공민왕은 그림을 잘 그렸나 봐. 공민왕이 그린 〈천산(天山)에서의 수렵〉이 전해 오고 있거든.

이제 탑에 대해 알아볼까?

고려 초기에는 신라의 양식을 이어받은 삼층석탑을 많이 만들었어. 그 후 차츰 여러 모양의 독특한 탑을 만들었단다. 개성 현화사의 칠층석탑과 오대산 월정사의 팔각구층석탑(국보 48)은 고려 초기의 대표적인 석탑이라고 할 수 있어.

후기 석탑으로는 개성 경천사 터 십층석탑이 유명해. 빼어난 균형미를 보여 주는 이 석탑은 우리나라 석탑으로는 드물게

개성 경천사 터 십층석탑 (국보 86) 이 십층석탑은 본디 개성에 있었어. 일제 강점기 때 일본 사람이 훔쳐 갔던 것을 되돌려 받으면서 서울에 자리 잡았지. 우리나라의 석탑은 보통 화강암으로 만드는데, 이 석탑은 대리석으로 만들었다는 점이 특별해.

대리석으로 만들었어. 원나라 석탑 양식의 영향을 받아 만든 것으로 보고 있지. 이 양식은 조선 시대에 원각사지 십층석탑으로 이어진단다.

고려의 건축물은 남아 있는 것이 많지 않아. 대부분 나무로 만든 건축물이라, 되풀이된 전쟁통에 불타 버렸기 때문이란다. 오늘날 남아 있는 13세기 이후의 대표적인 사원 건축물로는 안동 봉정사 극락전, 영주 부석사 무량수전, 수덕사 대웅전 등이 있어. 기둥 가운데를 불룩하게 만드는 배흘림 양식을 특징으로 꼽을 수 있지.

개성 남계원 터 칠층석탑 (국보 100)
국보 제100호로 지정된 고려의 석탑이야. 원래는 개성에 있었지만, 지금은 국립중앙박물관에서 볼 수 있어. 신라 석탑의 영향과 고려 석탑의 특징을 한데서 볼 수 있는 소중한 문화유산이란다.

영주 부석사 무량수전 (국보 18) 영주 부석사는 신라 문무왕 때 처음 짓고, 고려 시대에 두 차례 다시 지었단다. 그 후에도 보수를 다시 했지. 국보 제18호로 지정된 무량수전은 안동의 봉정사 극락전과 함께 우리나라에서 가장 오래된 목조 건물로 손꼽히고 있어. 기둥 위아래가 가늘고 가운데 부분으로 갈수록 둥그렇게 나온 배흘림 양식이 특징이야.

고려 시대의 세계적인 자랑거리

고려 시대의 문화를 이야기할 때는 빼놓을 수 없는 세계적인 자랑거리 세 가지가 있어. 그게 뭔지 한번 알아볼까?

먼저 팔만대장경이 있구나. '팔만대장경'이란 말은 많이 들어 봤지? 그렇다면 '대장경'은 무엇일까?

대장경은 불교 경전을 모아 만든 책을 말해. 그럼 대장경이 8만 장이기 때문에 팔만대장경이냐고? 아냐, 그렇지는 않아. 팔만대장경의 목판 숫자는 정확하게 81,258장이야. 목판의 앞면과 뒷면에 모두 글자를 새겼으니까, 앞뒤 면을 합치면 모두 16만 장이 넘지.

팔만대장경의 '팔만'은 그냥 '많다.'라는 의미로 이해하면 돼. 그 당시 사람들은 많다는 의미로 팔만이라는 숫자를 사용했다고 해.

합천 해인사 장경판전
(국보 52)
해인사의 장경판전과 팔만대장경판은 유네스코 세계 유산으로 등재된 인류의 소중한 문화유산이야. 장경판전은 오로지 대장경판을 보관하기 위해 만든 건물이지. 해인사의 자연환경 등을 고려하여 워낙 과학적으로 만들었기에, 오늘날까지 팔만대장경판이 잘 보관되어 있단다.

합천 해인사 장경판전의 창 전면 (국보 52)
해인사의 장경판전은 대장경판을 잘 보관할 수 있도록 처음부터 여러 장치를 마련해 두었어. 창의 크기를 서로 다르게 만들어서 바람이 잘 통하게 만들었고, 건물 안쪽 바닥에는 숯·횟가루·소금을 넣어서 습도를 조절할 수 있게 했지.

그럼 그 많은 대장경판을 왜 만들었을까?

팔만대장경은 부처님의 힘으로 외적을 물리치려는 마음을 담아 만든 거야. 고려 사람들은 예전부터 외적의 침입으로 나라가 위태로울 때마다 대장경을 만들어 이를 물리치려 했거든.

처음 대장경을 만든 것은 1010년 거란의 2차 침입 때였어. 처음 만들었다고 해서 '초조대장경'이라고 해. 그런데 대구의 부인사라는 절에 보관되어 있던 초조대장경이 몽골의 침입으로 불타 버리고 말았어. 1235년 몽골의 3차 침입 때였어. 고려 사람들은 이듬해부터 몽골의 침입을 물리치려는 마음을 담아 팔만대장경을 만들었어.

팔만대장경을 만드는 데에는 어마어마하게 많은 돈이 들어갔어. 당시 최고 권력자였던 최우를 비롯한 관리는 물론 일반 백성까지 너도나도 시주해서 비용을 마련했다고 해. 또 만드는 데

팔만대장경판 중의 경과 율의 주제별 선집
(보물 1156)

고려 사람들은 부처님의 힘으로 몽골의 침입을 막길 바랐지. 그래서 강화에는 '대장도감'을, 경상남도 남해군에는 '분사대장도감'을 세우고 팔만대장경을 만들었단다. 사진 속의 종이는 분사대장도감에서 만든 팔만대장경의 일부를 후세 사람들이 다시 찍어 낸 거야.

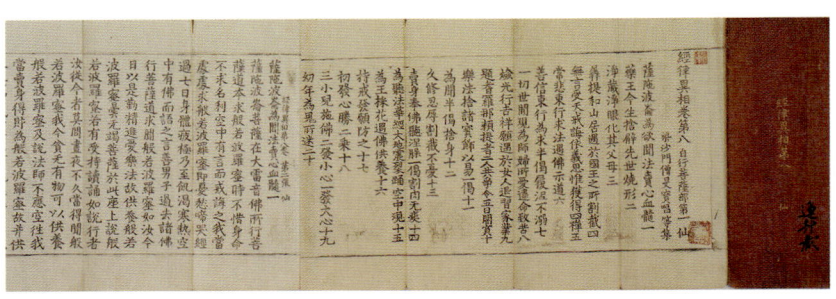

많은 사람도 동원됐지. 그렇게 공을 들이고 15년이나 걸려서 만든 것이 팔만대장경이야.

팔만대장경의 정확한 내용과 정교한 글자 모양은 당시 고려 목판 인쇄술의 높은 수준을 잘 보여 주고 있어. 팔만대장경은 지금까지 남아 있는 세계에서 가장 오래된 대장경이자 가장 완벽한 대장경으로 평가받고 있어.

고려 금속 활자

고려 시대에 만든 금속 활자야. 개성에 있는 무덤에서 발견됐다고 알려졌어. 오늘날 남아 있는 고려의 금속 활자는 7~의 없기에 역사적으로 아주 귀중한 유물이지. 북한의 개성박물관에도 고려 금속 활자가 한 점 더 남아 있다고 하는구나.

팔만대장경과 더불어 크게 내세울 수 있는 고려 시대의 두 번째 자랑거리는 세계에서 가장 먼저 만든 금속 활자야.

대장경 같은 목판 인쇄는 네모난 나무판에 글자를 새긴 후, 그 위에 종이를 덮어서 찍어 내는 인쇄 방식이지. 그래서 한 번 만들면 몇 번이고 같은 내용을 찍을 수 있어. 하지만 나무판에 글자를 새기는 일이 쉽지 않은 데다 썩기도 쉬워서 보관이 어려웠어. 또 새로운 내용을 찍으려면 다시 목판을 만들어야 했지.

금속 활자 인쇄(이것을 '활판 인쇄'라고 해)는 글자(활자) 하나하나를 따로 만들어 두었다가, 내용에 맞춰 활자를 골라 판을 짠 후에 인쇄하면 돼. 활판만 다시 짜면 얼마든지 새로운 내용을 찍

을 수 있지. 그러니까 목판 인쇄보다 훨씬 발달한 인쇄 방법이야. 활자는 금속, 나무, 찰흙 등으로 만들었어.

고려는 세계에서 가장 먼저 금속 활자를 만든 나라였지. 1234년에 금속 활자로 《상정고금예문》을 인쇄했다는 기록이 있어. 그렇지만 《상정고금예문》은 지금 전하지 않는단다.

지금 남아 있는 가장 오래된 금속 활자 인쇄본은 《직지심체요절》이야. 1377년 인쇄한 것으로, 서양에서 독일의 구텐베르크가 발명한 금속 활자보다 78년이나 앞선 거란다. 2001년에 유네스코 세계 기록 유산으로 등재됐어. 《직지심체요절》은 지금 프랑스 국립 도서관에 보관되어 있어. 조선 후기에 프랑스 공사로 왔던 콜랭 드 프랑시라는 사람이 수집해서 가져갔기 때문이야. 이런 귀중한 문화유산이 우리나라에 없다는 것이 참 아쉽지?

백운 화상 초록 직지심체요절
1372년, 고려의 승려였던 백운 화상은 석가모니의 가르침을 담은 《직지심체요절》을 썼어. 그로부터 5년 뒤인 1377년에는 이 책을 금속 활자로 찍어 냈지. 바로 세계 최초의 금속 활자본이자 유네스코 세계 유산으로 지정된 《직지심체요절》이야. 사진 속의 금속 활자본과 인쇄본은 복제품으로, 원본은 프랑스에 있어.

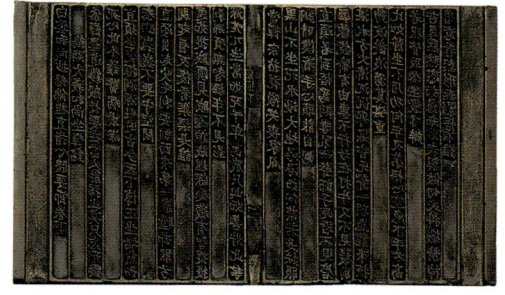

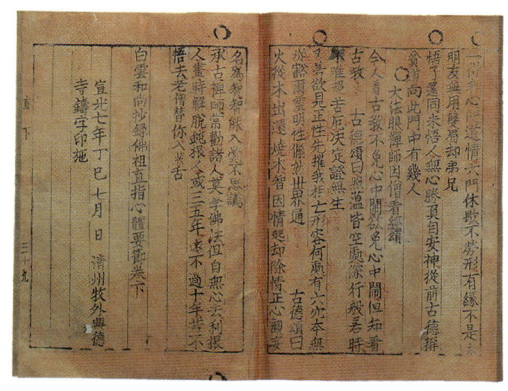

끝으로 고려청자 이야기를 해 볼까?

"도자기 중 천하제일은 고려 비색인데, 다른 곳에서는 따라 하고자 해도 도저히 따라 할 수 없다."

고려에 왔던 송나라 사신이 고려청자에 대해 남긴 말이야. 남의 나라 것을 칭찬하는 데 인색한 중국인이 고려청자를 '천하제일'이라고 했으니, 그만큼 고려청

청자 상감 모란 국화 무늬 참외 모양 병 (국보 114)
고려 시대의 청자 병이야. 인종의 장릉에서 출토됐지. 둥그런 몸이 참외처럼 여덟 개로 나뉘어 있는데, 각 면마다 국화와 모란을 상감하여 만든 대표적인 상감 청자란다.

자의 아름다움에 홀딱 반했다는 이야기가 아니겠니? 송나라 청자도 훌륭하기로 이름이 나 있거든.

참, '비색'이 뭐냐고? '너무 귀하고 아름다워 궁중에서만 사용하는 비밀스러운 색'이라는 뜻이야.

청자는 흙으로 그릇 모양을 빚고 가마에 넣은 다음, 먼저 8백 도 정도의 온도로 한 번 구어 낸다고 해. 그리고 철 성분이 든 유약(액체나 기체가 도자기에 스며들지 못하게 막고, 광택이 나도록 바르는 약)을 발라 1천3백 도의 높은 온도에서 한 번 더 구워. 그런데 이때 가마 속 온도가 높아지면 가마 아궁이를 흙으로 막는다는구나. 그럼 공기가 부족한 상태에서 철 성분과 도자기의 흙이 합쳐져 청자의 푸른빛이 나타나게 된대. 청자를 만들기까지는 60일에서 70일이 걸린다니 얼마나 많은 노력과 공이 들어가는지 이해할 수 있겠지?

본래 청자는 중국에서 처음 만들었어. 그런데 고려에서 중국의 기술을 받아들여 더 좋은 청자를 만들었던 거야.

고려청자 중에서도 으뜸으로 치는 것은 상감 청자야. 일반 청자는 표면에 아무 무늬가 없이 그냥 깨끗하고 그윽한 푸른빛을 띠고 있어. 그렇지만 상감 청자는 상감 기법으로 무늬를

청자 투각 칠보 무늬 향로 (국보 95) 다양한 조각 기술이 조화롭게 표현된 이 향로는 고려청자 중에서도 빼어난 작품으로 손꼽혀. 상감 기술은 물론, 음각, 양각, 투각 등 여러 기술이 한데 담겨 있지. 향을 태우는 몸체, 몸체를 떠받치는 받침, 향이 빠져나가는 뚜껑으로 이루어져 있단다.

새겨 넣었다는 점에서 특별해.

상감 기법은 자기가 마르기 전에, 표면에 바탕 재료와 성질이나 색깔이 다른 재료로 무늬를 넣은 거야. 다른 나라 자기에서는 찾아볼 수 없는 독창적인 제조 방법이지. 상감 기법의 사용으로 고려청자는 더욱 화려하고 다채로운 모습을 보여 주게 되었단다.

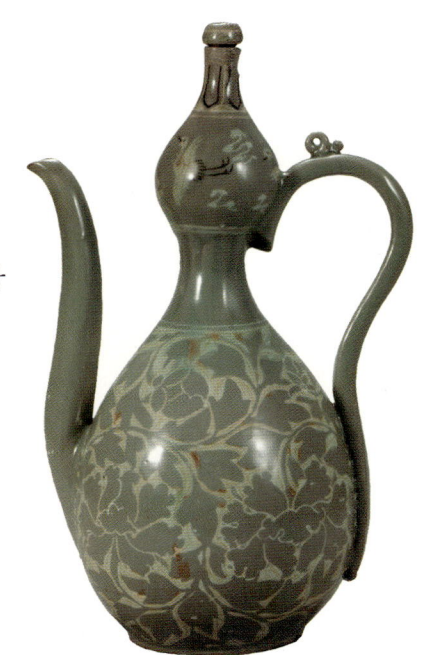

청자 상감 모란 넝쿨무늬 조롱박 모양 주전자
(국보 116)
조롱박처럼 생긴 고려청자 주전자야. 겉에는 모란 넝쿨무늬를 잎맥까지 세세하게 새겨 넣었지. 조롱박 모양 도자기는 고려뿐 아니라 중국 당나라와 송나라에서도 많이 만든 형태였어.

고려 시대의 역사책

혹시 '사관'이란 말 들어 봤니?

사람은 누구나 나름의 생각을 가지고 있지. 그래서 같은 일에 대한 평가나 해석이 얼마든지 달라질 수 있어. 역사책도 마찬가지야. 누가 어떤 생각을 가지고 역사적 사실을 기록했느냐에 따라 내용이 많이 달라질 수 있지.

이처럼 누가 어떤 생각을 가지고 역사책을 썼느냐 하는 문제를 사관이라고 해. 글쓴이의 '역사를 보는 눈'이라고나 할까?

고려 시대에는 글쓴이의 역사를 보는 눈이 다른 여러 역사책을 편찬했어. 그 대표적인 예가 김부식이 쓴 《삼국사기》와 승려 일연이 쓴 《삼국사기》일 거야.

《삼국사기》와 《삼국유사》 이야기는 잠깐 미뤄 놓고 '고려 실록' 이야기를 먼저 할게.

'실록'은 어떤 왕이 왕으로 있는 동안 일어났던 일을 시간 순

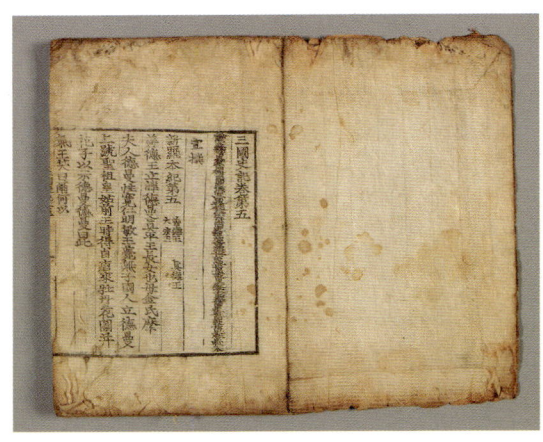

삼국사기
1145년에 김부식이 인종의 명을 받고 펴낸 역사책이야. 고구려·백제·신라의 삼국 시대 역사를 담고 있지. 《삼국유사》와 더불어 우리나라에서 가장 오래된 역사책이란다.

서대로 기록해 놓은 역사책이야. 《조선왕조실록》이라는 말은 더러 들어 봤을지 모르겠어. 그런데 고려 시대에도 실록이 편찬됐단다.

고려 시대에 처음 실록이 편찬된 것은 4대 광종 때였지. 그런데 거란의 침입으로 불타 버리고 말았어. 그 후 8대 현종과 9대 덕종은 태조 왕건부터 제7대 목종에 이르기까지의 실록을 편찬했어. 이를 《칠대실록》이라고 해.

《칠대실록》을 편찬한 이후, 고려는 멸망할 때까지 실록을 계속 편찬했어. 아쉽게도 이 실록은 지금 전하지 않고 있단다. 우리가 고려 실록에 대해서 잘 모르는 것도 그 책이 전하지 않기 때문일 거야.

지금까지 전하는 가장 오래된 역사책은 김부식의 《삼국사기》야. 김부식이 유학자였던 만큼 유교적 사관에 따라 쓴 역사책이지. 김부식은 70세 때 인종의 명을 받아 《삼국사기》를 쓰기 시작했다고 해. 여덟 명의 인재가 그 작업을 도와, 50권으로 된 《삼국사기》가 완성됐어(1145년). 유학자로서의 생각을 바탕으로 쓴 책이기 때문에 충과 효를 가장 중요한 가치로 생각했지. 또 '허황한 것은 말하지 마라.'는 공자의 가르침에 따라 신화나 전설, 귀신 이야기 같은 것은 모두 빠져 있어. 그래서 단군 신화도

들어 있지 않아.

고려 후기에는 유교적 사관에서 벗어난 역사책이 편찬됐어. 승려 각훈이 왕명을 받아서 지은 《해동고승전》은 삼국 시대 승려들의 전기를 쓴 책이야. 지금은 그 내용이 일부만 전하고 있어.

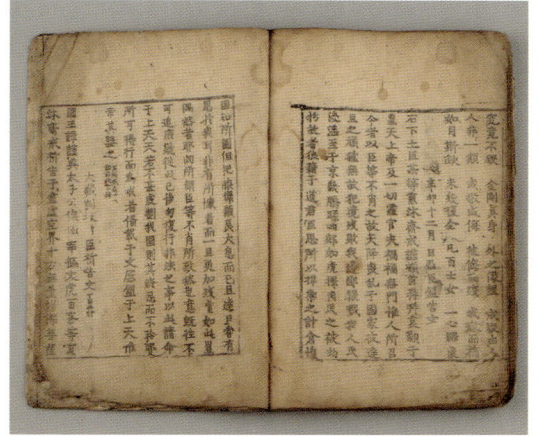

〈동명왕 본기〉가 실린 이규보의 《동국이상국집》과 이승휴의 《제왕운기》 같은 책도 편찬됐어. 〈동명왕 본기〉는 동명왕의 출생부터 고구려 건국까지의 이야기를 기나긴 한시로 노래한 책이야. 《제왕운기》는 두 권으로 되어 있어. 첫째 권은 중국 역사를, 둘째 권은 단군의 고조선 건국부터 삼국과 가야, 발해, 후삼국, 고려에 이르는 우리 역사를 다루고 있어. 〈동명왕 본기〉와 《제왕운기》 모두 우리 역사를 바르게 알려 고려인의 자긍심을 세워 주기 위해 쓴 책이라고 할 수 있어.

동국이상국집(이규보의 시문집)
이규보는 고려의 문인으로 1241년에 《동국이상국집》이란 문집을 펴냈어. 이 책에는 이규보의 시와 문장을 비롯하여, 고구려를 세운 주몽(동명왕)의 이야기를 담은 〈동명왕 본기〉 등이 실려 있어.

김부식이 《삼국사기》를 편찬하고 140년쯤 흐른 1281년에 승려 일연은 75세의 나이로 《삼국유사》를 썼단다. 《삼국유사》에는 김부식의 《삼국사기》에 실리지 않은, 예로부터 전해 내려오는 설화와 전설, 노래, 풍습, 생활 등에 대한 내용이 많이 실려

삼국유사
일연 스님이 1281년에 쓴 역사책이야. 《삼국사기》에는 없는 많은 내용이 담겨 있지. 특히 우리나라 역사의 시작을 단군 조선으로 하였다는 데 큰 의의가 있어. 하지만 처음에 펴냈던 원본은 남아 있지 않아. 이 책은 1904년에 펴낸 신연활자본이란다.

있어.

물론 김부식이 외면했던 단군 신화도 들어가 있지. 또 《삼국사기》에 없는 발해와 가야의 역사도 실려 있단다. 특히 〈가락국기〉는 오늘날 남아 있는 하나뿐인 가야 역사에 대한 기록이야. 만일 《삼국유사》에 〈가락국기〉가 없었다면 우리는 가야의 역사에 대해 아무것도 알 수 없었을 거야. 일연이 승려였던 만큼 유명한 승려들 이야기나 절이나 탑에 대한 전설 등 불교에 대한 이야기도 많이 실려 있어. 그 밖에도 그 무렵까지 남아 있었던 고구려와 백제의 비문에 기록되어 있는 내용도 많이 넣었지.

《삼국유사》에는 이처럼 김부식이 일부러 뺏거나 관심을 가지지 않았던 부분이 자세히 담겨 있어서, 그 당시의 일을 알고 이해하는 데 소중한 자료가 되고 있단다.

고려 후기에 이제현이 쓴 《사략》은 대의명분을 중요하게 여기는 성리학을 바탕으로 한 유교 사관이 반영된 책이야. 이 책은 조선 시대의 역사책에 많은 영향을 미쳤어.

고려 시대에는 이처럼 '역사를 보는 눈'을 달리하는 다양한 역사책이 편찬됐단다.

● 고려의 문학과 서예, 음악

고려 시대에는 어떤 문학 작품이 창작되었을까?

고려 문학은 고려 문화의 다양성을 보여 주는 좋은 본보기라고 할 수 있어. 고려 초기에는 신라의 영향을 받아 이두[1]를 사용한 향가가 많이 창작되었지. 그 후 유교가 정치 이념으로 자리 잡으면서 한문학이 발달했고, 이에 따라 지식인 사이에서 한시 창작이 유행했단다.

후기에는 신진 사대부의 생각이 담긴 경기체가[2]가 등장하고, 수필 작품도 널리 창작됐어. 경기체가의 대표작으로는 〈한림별곡〉이 있어. 이인로의 《파한집》, 최자의 《보한집》 등은 대표적인 수필 작품집이야.

동화처럼 사물을 의인화한 설화 문학도 발달했어. 임춘의 《국순전》, 이규보의 《국선생전》 등이 대표적인 작품이지.

일반 백성 사이에서는 속요[3]가 유행했어. 〈청산별곡〉〈정읍사〉 등이 지금까지 전하는 속요야. 속요에는 민중의 감정과 생활 모습이 자유롭게 표현되어 있단다.

고려 초기에는 왕희지체와 구양순체의 서예가 유행했어. 고려의 빼어난 명필로는 탄연이 있었지. 원나라의 내정 간섭 이후에는 조맹부체가 들어와 사대부 사이에서 유행했어.

음악 분야에서는 향악과 아악이 발달했어. 향악은 신라에서 전해 내려온 음악이고, 아악은 송나라의 대성악을 수입해서 궁중 음악으로 정착시킨 거야. 향악 작품으로는 〈동동〉〈예성강곡〉 등이 있어. 아악은 고려는 물론 조선 왕조에서도 궁중 음악으로 사용돼서 오늘날까지도 전해 오고 있어.

1) 한자의 음(소리)과 훈(새김)을 빌려 우리말을 적던 방법이야. 세종 대왕이 훈민정음을 만들기 전까지 우리말을 소리 나는 대로 적는 데 널리 썼단다. 또 한문 번역에도 썼지만, 훈민정음을 만든 후에는 차츰 쓰임이 줄어들었어.
2) 경기체가는 주로 한학자들이 읊었던 긴 노래(장가)였어. 유교적이고 도덕적인 뜻을 강조하거나, 자연의 아름다움을 노래한 내용이 많았지.
3) 속요는 일반 민중 사이에서 널리 불렸던 노래를 말해. 운율이 아름답고 표현이 소박하며, 당시 사회 모습과 평민의 진솔한 감정이 잘 표현되어 있지. 경기체가와 속요를 합쳐 '고려 가요'라고 해.

고려 시대 연표

2. 고려, 후삼국 통일

신라의 경순왕이 고려에 항복하면서 고려와 신라는 한 나라가 되었어. 그리고 왕건은 견훤이 세웠던 후백제를 무너뜨리고 진정한 민족 통일을 이루 냈어.

4. 초조대장경 조판

거란의 2차 침입 때였어. 고려 사람들은 부처님의 힘으로 위기에서 벗어나고자 대장경을 목판에 새겼단다. 이것이 바로 고려 최초의 대장경인 초조대장경이었어.

6. 이자겸의 난

이자겸은 자신의 딸들을 왕에게 시집보내고 외척으로 권세를 누렸어. 그러나 더욱더 큰 권력을 가지고 싶어져 스스로 왕위에 오르려고 했지. 하지만 실패로 돌아가고 말았어.

936년 **1011년** **1126년**

918년 **956년** **1019년** **1135년**

1. 고려 건국

지방 호족이었던 왕건이 새 나라 고려를 세웠어. 고려에는 '고구려를 잇는 나라'라는 뜻이 담겨 있지. 그리고 개경을 도읍 삼아 고려 왕조의 기틀을 다졌단다.

3. 노비안검법 실시

노비안검법은 고려 사회를 크게 흔들어. 호족이 불법적으로 거느렸던 수많은 노비가 양인으로 돌아가게 되었지. 그러자 호족의 세력이 약해지고, 나라 살림은 튼튼해졌어.

5. 강감찬, 귀주 대첩에서 승리

거란 장군 소배압이 10만 대군을 이끌고 고려로 쳐들어왔어. 그러나 강감찬 장군이 군사를 이끌고 귀주에서 크게 무찔렀단다. 이것이 바로 귀주 대첩이야.

7. 묘청의 서경 천도 운동

승려였던 묘청은 풍수지리에 따라 서경으로 도읍을 옮기자고 주장했어. 그러나 개경 귀족들의 반대로 실패했지. 묘청은 반란으로 뜻을 이루려 했지만 실패했단다.

8. 김부식, 《삼국사기》 편찬

김부식은 인종의 명으로 고구려·백제·신라의 역사를 책으로 펴냈어. 이것이 바로 우리나라에서 가장 오래된 역사책 《삼국사기》야.

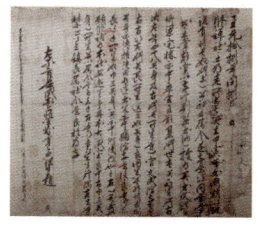

10. 망이·망소이의 난

귀족들의 착취에 지친 하층민이 들고일어났어. 천민이었던 망이와 망소이를 중심으로 민란이 시작됐지. 이들의 봉기는 실패로 돌아갔지만, 이후에도 하층민의 봉기는 계속되었어.

12. 팔만대장경 완성

1236년부터 만들기 시작한 팔만대장경이 드디어 완성됐어. 고려 사람들의 간절한 소망이 담긴 팔만대장경판은 유네스코 세계 기록 유산으로 등재됐단다.

14. 이성계의 위화도 회군

우왕의 명으로 명나라를 공격하러 떠났던 이성계가 군사를 이끌고 되돌아왔어. 그러고는 왕을 내쫓았지. 이 사건으로 고려 왕조는 몰락의 길을 걷게 되었어.

1145년   **1176년**   **1251년**   **1388년**

1170년   **1231년**   **1377년**

9. 무신 정변

고려는 문신을 우대하고 무신을 차별한 나라였어. 무신들은 이러한 차별을 참다못해 난을 일으키고 권력을 손에 쥐었어. 이렇게 시작된 무신 정권은 1백 년간 이어졌단다.

11. 몽골의 제1차 침입

유라시아 대륙을 점령한 몽골 제국이 고려로 쳐들어왔어. 몽골의 침략은 약 40년간 이어졌지. 고려 사람들은 끊임없는 몽골의 공격에 맞서 싸웠지만, 결국 몽골과 강화를 맺게 되었어.

13. 최무선, 화약 무기 제조

고려 후기는 왜구의 침략이 잦았던 시기야. 최무선은 왜구를 몰아낼 만한 무기가 필요하다고 생각했지. 그래서 원나라 사람에게 화약 만드는 법을 배워 많은 화약 무기를 만들었어.

7
이성계의 조선 건국

고려는 숱한 전쟁과 내란을 치렀지만, 중국의 속국이 되기를 거부하고 독립국의 면모를 잃지 않으려고 했어. 이제는 스러지는 고려와 새롭게 등장하는 조선을 만나야 해. 고려는 역사 속으로 사라지면서 우리에게 많은 것을 알려 준단다. 국가와 권력은 누구에게서 비롯되는지, 무엇을 보호해야 하며 어디로 나아가야 하는지를 말이야.

이성계의 조선 건국

4불가론과 위화도 회군 | 온건파를 제거하고 새 나라를 세우다 | 한양을 새 도읍지로 정하다

4불가론과 위화도 회군

1368년, 중국에서는 명나라가 원나라를 멸망시키고 새 주인이 됐단다. 한편 우리나라에서는 신진 사대부가 신흥 무인 세력인 이성계와 손잡고 개혁 정치를 펼치려 하고 있었어.

그 무렵 명나라와 고려 사이에 갈등이 불거졌어. 명나라는 처음 한동안은 고려와 좋은 관계를 유지했지. 그러나 어느 정도 나라가 안정되자 고려에게 엉뚱한 요구를 해 왔어.

1387년, 명나라는 고려의 철령 이북 땅에 철령위를 세우겠다고 결정했어. 그곳은 본래 원나라 땅이므로 자기들에게 돌려 달라는 거였지. 철령 이북은 원나라가 고려 땅에 쌍성총관부를 설치

동국세기

조선을 세운 이성계으 조상들 이야기부터, 이성계가 조선을 건국할 때까지의 이야기를 담은 책이야. 조선 왕조가 영원하기를 소망하는 내용으로 마무리하고 있단다.

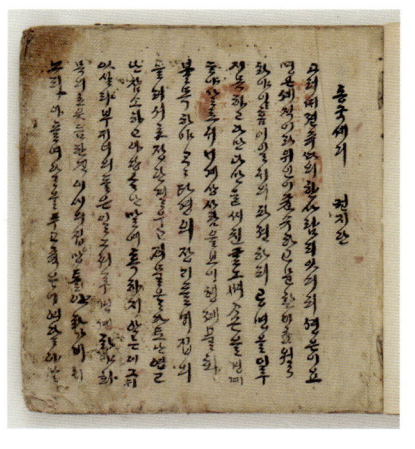

해서 다스린 곳이었어. 그런데 공민왕이 1356년에 원나라 세력을 몰아내고 되찾은 거였단다.

이듬해인 1388년, 명나라는 쌍성총관부 지역에 철령위를 설치하겠다고 통고했어.

고려 조정은 크게 반발했지. 최영을 중심으로 명나라의 전진기지인 요동을 정벌하자는 주장이 일어났어. 그러나 명나라와 가까이 지내려는 세력인 이성계 등은 '네 가지 안 되는 이유(4불가론)'를 들고나와 요동 정벌에 반대했단다.

이성계의 4불가론이 뭐냐고?

첫째, 작은 나라가 큰 나라를 거스르는 일은 옳지 않다.
둘째, 여름철에 군사를 동원하는 것은 알맞지 않다.
셋째, 요동을 공격하는 틈을 타서 남쪽에서 왜구가 침범할 염려가 있다.
넷째, 무덥고 비가 많이 오는 때라 활의 아교가 녹아 무기로 쓸 수 없고, 병사들이 전염병에 걸릴 염려가 있다.

당시 고려의 우왕은 이성계의 4불가론을 받아들이지 않고, 요동 정벌을 주장하는 최영의 손을 들어줬어. 그래서 전국 8도에서 군사를 징집하는 등 요동 정벌을 준비했지.

준비가 끝나자 우왕은 최영을 팔도 도통사, 이성계를 우군 도통사, 조민수를 좌군 도통사로 삼아 정벌군을 출정시켰어. 이성계와 조민수는 5만 군사를 이끌고 요동을 향해 출발했고, 우왕과 최영은 평양까지 나가 머물며 출정군을 독려했단다.

이성계와 조민수의 정벌군이 압록강의 위화도에 도착한 것은 1338년 5월이었어. 정벌군은 그곳에서 전열을 가다듬은 후 압록강을 건너 요동성을 공격할 계획이었지.

그러나 장마가 시작되어 강물이 크게 불어나는 바람에 강을 건너기가 어려워졌어. 거기다 병사들의 사기도 크게 떨어져 있었어. 불어난 강물에 병사들이 빠져 죽고, 더운 날씨에 활이 풀렸으며, 갑옷이 무거워 전투를 하기 힘든 상황이었단다.

이성계는 그런 사실을 알리고, 군사를 되돌리자는 상소를 올렸어. 우왕과 최영은 이성계의 청을 받아들이지 않고 진군을 독촉했지.

이성계와 조민수는 다시 최영에게 사람을 보내 속히 군사를 되돌리도록 허락해 달라고 청했어. 그러나 그 청마저 묵살되었

최영장군묘
경기도 고양시에 있는 최영의 묘야. 최영은 고려 후기에 이성계와 함께 왜구를 물리쳤던 장군이자 고려의 충신이었지. 그러나 이성계에게 반대하다 결국 처형되고 말았어.

지. 그러자 이성계는 조민수를 설득하고 위화도에서 군사를 되돌렸어.

이 소식을 들은 우왕과 최영은 황급히 서경에서 개경으로 돌아왔어. 그리고 군사를 모아 이성계의 군대를 맞아 싸웠지만, 요동 정벌에 나섰던 대군을 막아 내기에는 힘이 크게 부족했지.

정권을 장악한 이성계와 조민수는 우왕을 폐위시키고 강화도로 귀양 보냈어. 또 최영도 고봉(지금의 경기도 고양시)으로 귀양을 보냈다가, 얼마 뒤에 다시 개경으로 데려와 처형했단다.

온건파를 제거하고 새 나라를 세우다

권력을 장악한 이성계와 조민수는 각각 우시중과 좌시중 자리에 올랐어. 그런데 다음 왕을 누구로 하느냐에 대해서 의견 충돌이 벌어졌지. 조민수는 우왕의 아들 창이 왕의 자리를 이어받아야 한다고 했어. 그러나 이성계는 우왕과 창이 모두 신돈의 아들이라고 주장하며, 왕씨 가운데 다른 인물이 왕의 자리에 앉아야 한다고 했어.

조민수의 주장대로 창이 왕의 자리에 올랐지만, 이듬해에 이성계가 창왕을 폐위시켰어. 그러고는 창왕을 왕위에 올리자고 주장했던 조민수도 제거했단다. 그리고 창왕의 친척인 공양왕을 새로운 왕의 자리에 앉히고 정권을 장악하였지.

정몽주 초상
고려 후기의 유학자이자 충신이었던 정몽주의 초상이야. 정몽주는 인간의 마음과 우주의 근본을 연구하는 성리학에 관심이 많았단다. 그래서 향교와 오부 학당을 세워 더 많은 사람에게 성리학을 알리려고 노력했어.

이성계는 이듬해 공사전적(지금의 토지 대장)을 개경 거리에서 불살라 버리는 개혁을 단행했어. 이를 '사전 혁파'라고 해.

사전 혁파는 권문세족이 가지고 있던 땅을 모두 빼앗아 나라 땅으로 하고, 나중에 이 땅을 관리들에게 공음전으로 나눠 준

● 이방원의 〈하여가〉와 정몽주의 〈단심가〉

정몽주는 고려의 문신이자 정치가이며 유학자였어. 1337년 경북 영천에서 태어났단다. 호는 포은, 시호는 문충이야. 스물네 살 때 세 번의 과거 시험(초장, 중장, 종장)에 연달아 장원으로 합격해 이름을 떨쳤어.

성균관 대사성, 예의판서, 예문관 검열 등의 벼슬을 지냈고, 문신이지만 함경도에 침입한 여진을 토벌해 공을 세웠지(1364년). 명나라에 사신으로 가서 고려가 명나라와 국교를 회복하는 데에도 중요한 역할을 했어(1384년). 또 의창(평상시에 곡식을 저장해 두었다가 흉년이 들면 백성에게 빌려주던 구호 사업)을 정비해서 가난한 사람들을 구제하려 했지. 불교의 폐단을 막고 유학을 보급하는 일에도 힘썼고. 정몽주는 이성계, 정도전 등과 고려를 개혁해야 한다는 데 뜻을 같이했어. 그러나 이성계와 정도전 등은 고려 왕조를 뒤엎고 새 왕조를 세우려는 〈역성혁명〉는 급진파였고, 정몽주는 고려를 그대로 지키며 나라를 개혁하려는 온건파였어. 그래서 정몽주는 급진파와 갈등을 빚었단다.

어느 날 정몽주 등의 온건파는 이성계가 사냥을 하다 말에서 떨어져 위독하다는 소식을 듣게 되었어. 이들은 급진파를 제거하기 위해 조준, 남은, 정도전 등을 탄핵해서 귀양 보냈지. 그러자 이성계의 다섯째 아들 이방원이 해주에 머물고 있던 이성계에게 달려가 이 소식을 전했어.

이성계는 부상당한 몸을 가마에 싣고 급히 개경으로 돌아왔어. 정몽주는 상황을 살피기 위해 병문안을 구실로 이성계를 찾아갔지. 이성계는 평소와 다름없이 정몽주를 대했어. 한편 이방원은 정몽주의 생각을 떠보기 위해 술자리를 마련했어. 그리고 이런 시를 읊었어.

것을 말해. 사전 혁파로 권문세족은 경제적 기반을 잃었고, 신진 세력은 경제적 기반을 마련하게 되었지.

왕이 될 야심을 품고 있던 이성계에게 이제 남아 있는 마지막 걸림돌은 온건파의 중심인물 정몽주였어. 이방원은 마지막 걸

> 이런들 어떠하리 저런들 어떠하리.
> 만수산 드렁칡이 얽혀진들 어떠하리.
> 우리도 이같이 얽혀서 백 년까지 누리리라.

고려를 뒤엎고 새 왕조를 세우려는 자신과 뜻을 함께하지 않겠느냐고 넌지시 정몽주의 마음을 떠본 시야. 이 시를 이방원의 〈하여가〉라고 해.
이방원의 〈하여가〉에 대해서 정몽주는 〈단심가〉로 자신의 분명한 마음을 이야기했어.

> 이 몸이 죽고 죽어 1백 번 고쳐 죽어.
> 백골이 진토 되어 넋이라도 있고 없고.
> 님 향한 일편단심이야 가실 줄이 있으랴.

이방원은 정몽주가 자신과 뜻을 같이할 생각이 없다는 것을 분명히 알게 되었어. 그리고 새 왕조를 세우기 위해서는 그를 살려 둘 수는 없다고 생각했지. 그래서 조영규 등을 시켜서 집으로 돌아가는 정몽주를 선죽교에서 습격해 살해하게 했어. 이때 정몽주의 나이는 쉰여섯이었어.
그로부터 3개월 뒤, 이성계는 공양왕을 몰아내고 왕의 자리에 올라 새 나라를 세웠단다.

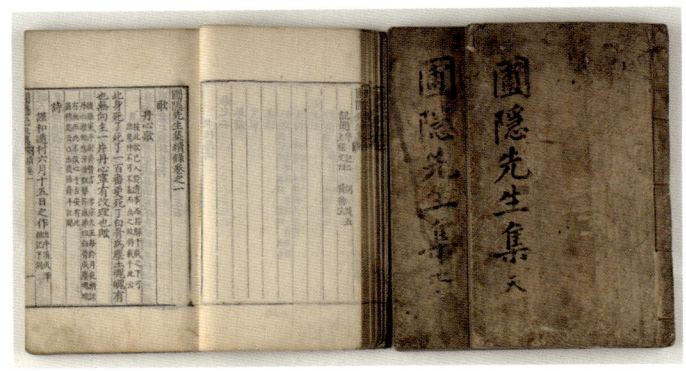

포은집 (포은 정몽주의 문집)
정몽주가 펴낸 시문집이야. 정몽주의 호인 '포은'을 따서 〈포은집〉이라는 제목을 붙였어. 정몽주의 글씨와 문장, 일본에 사신으로 갔을 때 지었던 시 열세 편 등이 담겨 있어.

림돌을 제거하기 위해 조영규를 시켜 선죽교에서 정몽주를 살해했단다.

정몽주가 죽은 지 석 달 후, 이성계는 공양왕을 폐위하고 자신이 왕의 자리에 올랐어. 474년 동안 이어졌던 고려 왕조는 이렇게 막을 내리고 새 왕조가 들어선 거야.

"나라 이름을 예전대로 '고려'라 하고, 법과 제도도 고려 것을 그대로 따르라."

1392년 음력 7월17일, 이성계는 개경의 수창궁에서 즉위식을 올린 후 이렇게 말했어. 새 나라를 세웠지만 도읍을 새로 정하거나 나라 이름을 바꾸지 않고, 고려 때의 것을 그대로 따르겠다고 한 거였지.

왜 그랬을까? 그것은 역성혁명('왕'씨 대신 '이'씨가 왕이 된 것)을 달가워하지 않는 사람이 많았기 때문이야. 그들을 달래고자 함이었지.

그런데 그해 11월 명나라에 갔던 사신이 '나라 이름을 어떻게 할 것인지 빨리 알려 달라.'

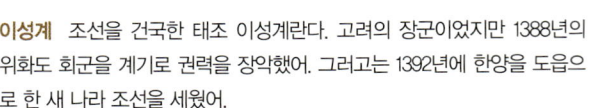

이성계 조선을 건국한 태조 이성계란다. 고려의 장군이었지만 1388년의 위화도 회군을 계기로 권력을 장악했어. 그러고는 1392년에 한양을 도읍으로 한 새 나라 조선을 세웠어.

조선을 세운 이성계

이성계(1335~1408년)는 함경도 화령(지금의 영흥)의 흑석 마을에서 아버지 이자춘과 어머니 최씨 사이의 둘째 아들로 태어났어. 그 무렵 이곳은 원나라 땅이었지. 그의 가문은 전주 이씨로, 증조할아버지 때 이곳으로 옮겨 와 살기 시작했다고 해.

고구려를 세운 주몽처럼 이성계도 어렸을 때부터 활을 잘 쏘고 무술에 뛰어난 재능을 보였어. 어느 여름날 이성계가 냇물에서 멱을 감고 냇가에 앉아 있을 때, 갑자기 담비 여러 마리가 잇달아 숲에서 뛰어나왔어. 이성계는 급히 활을 들어 스무 발을 쏘았는데, 죽은 담비가 스무 마리였대. 정말 대단한 활 솜씨 아니니? 이성계의 뛰어난 활 솜씨에 대한 일화는 그밖에도 많이 있단다.

그 후 이성계는 군인이 되어 박의의 반란을 토벌하면서 이름을 떨치기 시작했어. 이듬해에는 최영, 정세운, 이방실 등과 홍건적의 침입으로 함락된 개경을 탈환하는 데 앞장서기도 했지.

또 1364년에는 원나라 연경에 있던 최유가 공민왕을 폐하고 충숙왕의 아우 덕흥군을 추대하기 위해 원나라 군사 1만 명을 이끌고 침입하자, 최영과 함께 달천에서 이들을 물리쳤어. 이 전투로 동북면 지역을 비운 사이에 여진이 침입해 왔어. 여진은 함경도 화주를 점령하고 크게 기세를 올리고 있었지. 이성계는 급히 군사를 돌려 함경도로 달려가 그들을 격파했어.

이성계가 더욱 큰 명성을 얻게 된 것은 진포 대첩과 황산 대첩 때였어. 우왕 6년(1380년), 왜구가 5백여 척의 선박을 몰고 와 진포에 정박한 후 충청도, 전라도, 경상도를 휩쓸며 약탈과 학살을 일삼았어. 3도 도순찰사였던 이성계는 왜구 소탕에 나섰단다.

왜구는 경상도 상주와 경산을 약탈하고 함양을 거쳐 남원까지 몰려왔어. 이성계가 이끄는 군대는 그들을 뒤쫓아 가 황산에서 맞붙었어. 이성계는 명성을 떨치던 활 솜씨로 아군을 괴롭히던 소년 장수 아기발도의 투구를 쏘아 떨어뜨렸지. 그러자 이두란이 달려 나가 아기발도에게 활을 쏘아 죽였어. 이에 사기가 오른 이성계의 군대는 왜구를 크게 격파했단다. 이 전투의 승리로 이성계는 신흥 무인 세력의 선봉으로 떠오르게 되었어.

그 후 위화도 회군으로 정권을 장악하고 조선을 건국했어. 그러나 왕위 계승을 둘러싼 왕자들의 다툼으로 마음고생을 많이 했어. 말년에는 불교에 귀의해서 여생을 보내다 일흔네 살의 나이로 세상을 떴단다.

는 명나라 황제의 편지를 가지고 돌아왔어.

이성계는 신하를 모아 놓고 의논한 끝에 '조선'과 '화령' 중 하나를 나라 이름으로 정하기로 했지. '조선'은 물론 단군왕검이 처음 세웠던 나라 이름에서 가져온 것이고, '화령'은 이성계의 고향 이름에서 따온 거야.

이성계는 명나라에 조선과 화령, 둘 중 하나를 나라 이름으로 정해 달라고 청하는 사신을 보냈어.

> 동방 족속의 나라 이름으로 조선이 좋을뿐더러 그 유래도 오래되었다. 그 이름을 쓰고, 하늘의 뜻을 받들어 백성을 잘 살게 하면 후손이 길이 번성할 것이다.

이듬해 2월 명나라가 이렇게 답신을 보내왔어. 그래서 새 나라의 이름은 비로소 '조선'이 되었단다.

나라 이름까지 남의 나라에게 지어 달라고 하다니! 이성계가 너무 납작 엎드려 명나라에게 비굴한 행동을 했다고 생각되지 않니? 그것은 요동을 정벌하려고 했던 고려와 달리 '새 나라는 명나라를 잘 섬기고 가까이 지내려 한다.'는 뜻을 보여 환심을 사기 위해서라고 할 수 있어.

참, 왕의 자리에서 쫓겨난 공양왕이 어떻게 됐는지 궁금하지? 공양왕은 원주, 간성, 삼척 등을 떠돌며 유배 생활을 하다가 1394년 이성계의 명에 따라 처형됐단다.

한양을 새 도읍지로 정하다

나라 이름을 새로 정한 이성계는 도읍을 옮기기 위해 서둘렀단다. 개경에는 고려에 대한 그리움을 간직하고 있는 사람이 많았기 때문이야. 게다가 새 나라를 세웠으니 민심을 새롭게 하기 위해서라도 서둘러 도읍을 옮길 필요가 있었지.

계룡산(지금의 공주 일대)과 무악(지금의 서울 신촌과 연희동 일대) 등 몇 곳을 새 도읍지의 후보로 이야기하다 한양으로 결정되었어. 한양은 나라의 중심부에 자리 잡고 있으며, 산과 강의 모양새가 아름다울

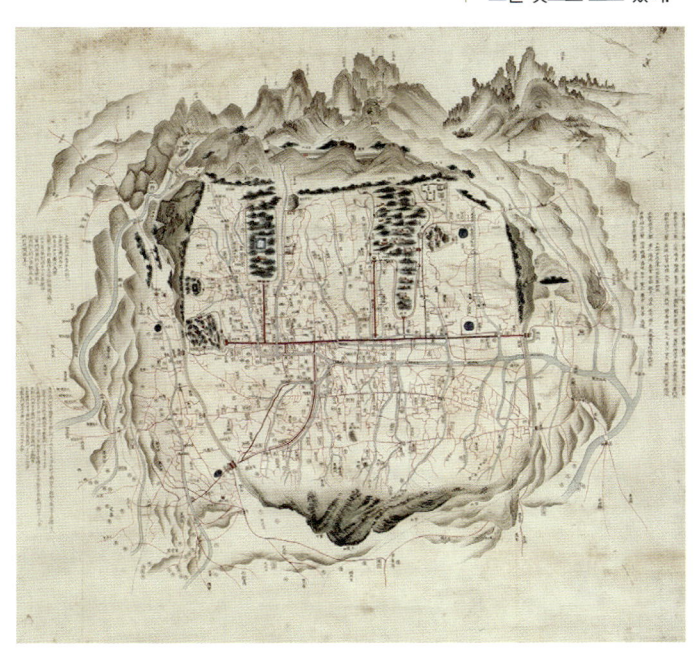

진경산수화풍으로 그린 도성도
조선의 도읍을 산수화처럼 그린 지도야. 한양을 둘러싼 북한산·인왕산 등의 자연환경과, 주요 거리와 건축물 등을 그렸지. 대략 1753년 이후에 그린 것으로 보고 있어.

무학 대사
무학 대사는 고려 후기부터 조선 초기까지 활동했던 승려였어. 이성계의 스승이기도 했던 무학 대사는 조선의 새로운 도읍지를 찾아 한양, 계룡산 등 전국을 돌아다녔지.

뿐더러, 뱃길을 이용할 수 있다는 장점 때문이었어.

당시 뱃길이 닿는다는 것은 세금을 거둬들이기 위해 매우 중요한 조건이었지. 쌀이나 옷감 등을 세금으로 받았기 때문에 바다와 강에 배를 띄워 옮겨 와야 편리했거든.

1394년 10월 이성계는 개경을 떠나 아직 궁궐도 짓지 않은 한양으로 옮겨 왔어. 물론 관리들이 일할 관청도 짓지 못한 상태였지. 이성계가 얼마나 빨리 개경을 떠나 새 도읍지로 옮겨 가고 싶어 했는지 이해할 수 있겠니?

이성계는 임시 숙소에 머물며 새 도읍 건설을 위한 공사를 시작했단다. 먼저 임금이 머물 궁궐을 짓기 시작했어. 궁궐은 백악산을 뒤로하고, 남산을 마주 보며, 인왕산과 낙산을 오른쪽과 왼쪽에 거느린 곳에 들어섰어. 궁궐 이름은 '경복궁'이라고 했어. '빛나는 복을 빈다.'는 뜻으로, 궁궐 짓는 일의 총책임자였던 정도전이 지은 이름이야.

이와 함께 궁궐을 에워싸는 궁성을 쌓고, 동서남북 네 곳에 문도 냈어. 또 궁궐 왼쪽에는 왕실의 조상신에게 제사 지내는 '종묘', 오른쪽에는 나라 경제의 바탕인 토지와 오곡의 신에게 제사 지내는 '사직'이 들어섰어. 그리고 궁궐 정문인 광화문 밖으로는 나랏일을 볼 관청이 자리 잡았단다.

한양의 중요 건물은 유교 사상을 바탕으로 배치한 거였어. 또 건물 이름도 경복궁이란 궁궐 이름과 마찬가지로 정도전이 유교 경전에서 따와 붙인 거란다.

궁궐을 지었으니 그다음엔 무슨 일을 했겠니? 한양을 지키기 위한 성이 있어야 되지 않겠어?

한양을 둘러싼 성의 길이는 18킬로미터나 됐지. 이 성을 쌓기 위해 동원된 연인원이 20만 명이나 되었다고 해. 그 무렵 한양 인구가 10만 명 정도였다고 하니, 얼마나 큰 공사였는지 짐작이 가지?

이렇게 터를 잡은 한양은 조선이 멸망하고 난 오늘날 역시 우리나라의 수도란다.

참, 한양을 언제부터 '서울'이라고 했는지 아니? 1945년 일제 강점기에서 해방된 뒤부터야. 서울은 '수도'라는 뜻의 순수한 우리말이란다.

경복궁 근정전 (국보 223)
경복궁은 1395년에 지은 궁궐이야. 근정전은 경복궁에서 가장 중요한 건물이지. 조선의 왕들은 근정전에서 신하들을 모아 놓고 회의를 하거나, 국가적으로 큰 행사를 치렀어.

8

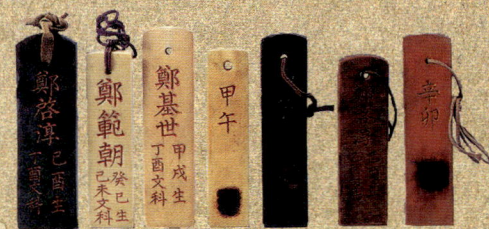

새로운 나라의 틀을 다지다

아침의 나라 '조선'이 들어섰어. 고려가 불교의 나라였다면, 조선은 유교의 나라였지. 조선은 유교가 바탕이 되는 나라를 만들기 위해 많은 노력을 기울였어. 농업을 장려하고, 세금 제도를 정비하고, 과학 기술을 발전시키고, 과거제를 더욱 중시했어. 그리고 우리말에 걸맞은 우리글, 곧 '훈민정음'을 창제했단다.

새로운 나라의 틀을 다지다

8

정도전의 제도 정비와 왕자의 난 | 태종의 왕권 강화와 제도 정비 | 지배 체제 정비를 마무리하다 |
조선의 외교 정책 | 백성을 위한 글자를 만들다 | 과학 기술과 인쇄술의 발달

정도전
정도전은 고려 후기부터 조선 초기까지 활약했던 관리이자 성리학자야. 성리학을 중심으로 한 새로운 나라를 꿈꿨던 사람이지. 그래서 이성계를 도와 조선을 세우고, 한양을 도읍으로 정하고, 경복궁을 짓는 등 조선을 위해 큰일을 많이 했어.

정도전의 제도 정비와 왕자의 난

조선을 건국한 이성계는 무관 출신이었기 때문에 새 나라의 통치 질서를 마련하기 위해 신진 사대부 출신의 공신들에게 많은 것을 의지했어. 특히 정도전을 신임했지. 정도전은 국정을 도맡다시피 했고, 세력도 점점 커졌단다.

정도전은 성리학을 바탕으로 문물제도를 새롭게 정비하는 데 앞장섰어. 또 재상 중심의 왕도 정치를 펼쳐야 한다고 주장하며 왕에게 권력이 집중되는 것을 견제하려 했지.

뿐만 아니라 이성계가 둘째 왕비인 신덕 왕후의 아들 방석을 세자에 책봉하게 하는 데에도 영향력을 행사했단다. 정도전은 방석의 스승이었

거든. 정도전은 어린 세자를 잘 가르쳐서 자신이 생각하는 왕도 정치를 펼칠 수 있도록 해야겠다는 야심이 있었던 거야.

정도전의 왕도 정치 주장에 왕족들은 경계심을 가지게 되었어. 더욱이나 정도전 일파의 세력이 점점 커지는 것을 그대로 보고 있을 수는 없었지.

정도전은 왕족들을 더욱 자극하는 주장을 들고나왔어. 왕족이 거느리고 있는 사병을 해체해서 중앙군으로 보내야 나라의 군사력이 강해질 수 있다고 주장했던 거야.

맞는 이야기이기는 한데, 왕족으로서는 받아들일 수 없는 주장이었지. 왕족으로서 정치에도 참여할 수 없는 터에, 거느리고 있는 병사까지 빼앗긴다면 자신들의 힘이 형편없이 오그라들고 말 테니까.

> ### ◯ 재상 중심의 왕도 정치
>
> '왕도 정치'는 맹자의 정치사상으로, 힘(무력)을 사용하여 다스리는 정치가 아닌, 덕으로 다스리는 어진 정치를 말해. 힘으로 사람을 복종시키면 마음으로는 복종하지 않고 덕으로 사람을 복종시키면 진심으로 따르게 되므로, '왕은 덕으로 다스리는 정치를 해야 한다.'는 맹자의 가르침이었지. 이와 반대로 힘을 가지고 강압적으로 다스리는 것을 '패도 정치'라고 해.
> '재상 중심의 왕도 정치'란 왕이 권력을 독점하지 않고, 신하들이 중심이 돼서 나라를 다스리는 정치를 말해.

이성계의 다섯째 아들 이방원이 마침내 반란을 일으켰어. 그는 왕이 되고 싶은 야심이 있어서 열한 살짜리 이복동생 방석이 세자가 된 것에 잔뜩 불만을 품고 있던 터였거든.

이방원은 군사를 이끌고 술자리에 있던 정도전을 기습 공격해서 살해했어. 그리고 세자 방석도 폐위시키고 귀양 보냈지.

그 후 이방원은 방석과 방석의 형 방번까지 이복형제 둘을 모두 죽였단다.

이방원의 난으로 이성계의 둘째 아들 방과가 세자로 책봉됐어. 그러자 집안싸움으로 아들 둘이 죽고 신임하던 신하 정도전까지 잃어 상심해 있던 이성계가 방과에게 왕의 자리를 물려줬어. 방과가 조선의 두 번째 왕 정종이 된 거야.

정종은 왕이 되기는 했지만 실권은 동생 이방원이 거머쥐고 있었어. 이방원은 정도전이 주장했던 사병 혁파(사병을 없애는 일)를 다시 추진하려고 했어. 자신이 사병을 거느리고 반란을 일으켰던 것처럼 다른 형제가 반란을 일으키지 않을까 걱정됐던 거지.

이번에는 이성계의 넷째 아들 이방간이 반란을 일으켰어. 방간 역시 왕의 자리에 욕심이 있어서 이방원의 사병 혁파 계획에 동조할 수 없었던 거야. 그러나 방간의 반란은 이방원에게 진압되고 말았어.

두 번째 왕자의 난까지 평정되자 모든 권력은 이방원에게 더욱 집중됐어. 정종은 결국 그해 겨울, 바늘방석에 앉아 있는 것

함흥차사

이복형제들과 신임하던 신하 정도전을 죽이고 왕위에 오른 이방원에 대한 이성계의 증오심은 대단히 컸어. 방원이 왕위에 오른 뒤 이성계는 한양을 떠나 한동안 함주에 가서 머물렀지.

태종 이방원은 이성계에게 문안 인사를 위해 차사를 보냈지만, 이성계는 태종이 보낸 차사를 모두 죽여 버렸어. 여기서 '함흥차사'라는 말이 생겨났다고 해. 심부름이나 어떤 일을 하러 간 사람이 아무 소식이 없을 때 이를 함흥차사라고 한단다.

참, 차사가 뭐냐고? 중요한 일을 위해 파견되는 임시직 관리를 일컫는 말이야.

이성계는 태종이 보낸 무학 대사의 간청으로, 태종 2년 12월에 한양으로 돌아왔어. 그래서 함흥으로 간 차사들이 죄 없이 죽는 일도 끝이 났지.

같던 왕의 자리를 스스로 이방원에게 넘겨줬단다. 이방원이 조선의 3대 임금, 태종이 된 거야.

태종의 왕권 강화와 제도 정비

피를 부르는 권력 다툼 끝에 왕의 자리에 오른 태종이 가장 관심을 가졌던 일은 왕권 강화야. 그는 먼저 사병을 거느리는 것을 금지해서 군권을 장악했어. 또 재상들이 모여 나랏일을 의논하던 의정부의 권한을 약화시켰지. 그래서 육조(이조, 호조, 예조, 병조, 형조, 공조)에서 왕의 명령을 직접 집행하게 했어.

헌릉
조선의 3대 임금인 태종과 왕비인 원경 왕후의 무덤이야. 태종과 원경 왕후의 능이 나란히 있는 쌍릉이란다.

태종은 이와 같은 제도 개편을 통해 왕권이 강화되자 백성에게 눈을 돌렸어. '어떻게 하면 백성을 잘 살 수 있게 할까?' 하는 문제에 눈을 돌렸다는 것이 아니고, '어떻게 하면 백성을 잘 통제할 수 있을까?' 하는 문제에 눈을 돌렸다는 이야기야.

먼저 지방을 8도로 나누었어. 그런 다음 고려 시대에는 수령이 파견되지 않았던 곳까지 수령을 보내서 백성에 대한 통제를 강화했지.

'호패법'이라는 것도 시행했어. 16세 이상 남자에게 호패를 차게 해서 쉽게 통제하려고 했던 거야. 호패법은 사회를 안정시키

● 조선의 통치 기구와 군사 조직

먼저 중앙 정치 조직을 알아보자꾸나.
조선의 중앙 통치 기구는 의정부와 육조, 삼사, 승정원과 의금부 등으로 구성되어 있었어.
의정부는 최고 통치 기구였어. 삼정승(영의정, 좌의정, 우의정), 종1품 벼슬인 좌우찬성, 정2품 벼슬인 좌우참찬이 함께 모여 나라의 중요한 정책을 결정했어. 의정부 밑에는 육조가 있어서 나랏일을 분야별로 맡아 집행했지. 육조의 장관은 '판서'라고 했는데, 나라의 중요한 일을 의논하는 회의에 참석해서 의견을 이야기할 수 있었단다.
또 왕권을 뒷받침하는 기구로는 승정원과 의금부가 있었어. 승정원은 지금의 비서실 같은 역할을 맡은 곳이었고, 의금부는 왕 직속의 사법 기구로 반역죄 같은 중죄를 다스렸던 곳이었어.

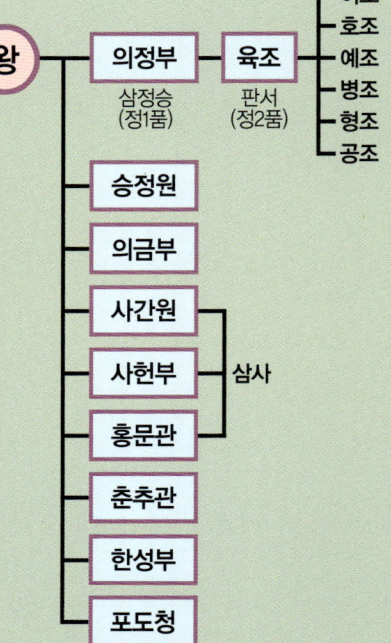

왕이 올바로 정치하게끔 일깨워 주는 사간원, 관리의 잘못을 감찰하는 사헌부, 왕의 정치적 자문에 응하고 경연을 주관하는 홍문관이 있었어. 이 세 기구를 '삼사'라고 해. 삼사는 권력의 독점과 부정을 방지하는 매우 중요한 기구였지.
그 밖에 도읍 한양(한성)의 행정을 담당하는 한성부, 역사책 편찬과 보관을 맡은 춘추관, 최고 교육 기관인 성균관과 죄지은 사람들을 잡아들였던 포도청이 있었단다.

그렇다면 조선 시대에는 관리를 어떻게 뽑았을까?
주로 과거를 통해서 뽑았어. 과거 시험에는 문관을 뽑는 문과, 무관을 뽑는 무과, 기술관을 뽑는 잡과가 있었어. 그 밖에도 음서를 통해 관리를 뽑기도 했지. 그러나 음서 출신은 고위 관리가 되기 어려웠고, 혜택도 고려 시대보다 많이 줄어들었어. 이것을 보면 조선 사회가 고려 시대보다 개인의 능력을 더 중요하게 여겼다는 것을 알 수 있지.

이번에는 지방 행정 조직에 대해서 알아볼까?

조선은 전국을 8도로 나누고, 그 밑에 고을의 크기에 따라 부·목·군·현을 두었어. 각 도에는 관찰사(감사)가 파견되어 행정·재판·군사 업무와 각 고을의 수령을 감찰하는 일을 맡았지. 또 모든 군현에는 수령을 파견해서 왕 대신 백성을 다스리게 했어. 그리고 수령 밑에는 그 지방 출신의 향리가 6방(이방, 호방, 예방, 병방, 형방, 공방)을 맡아 수령을 보좌했어.

또 향촌에 거주하는 양반은 유향소(향청)라는 자치 조직을 만들어 지방 행정에 참여할 수 있었지. 유향소는 지방의 여론을 모으고 수령의 자문에 응하는 일, 수령과 관리 들의 비리를 고발하는 일 등을 했어. 또 백성을 교화하고 유교 윤리를 실천하는 일에도 힘썼단다.

군사 조직에 대해서도 알아보자꾸나.

조선 시대의 군사 조직은 중앙군인 5위와, 지방군인 육군과 수군으로 이뤄져 있었어. 중앙군인 5위는 궁궐과 한양을 방어하는 임무를 맡았지. 각 도의 지방군은 중앙에서 파견한 병마절도사와 수군절도사가 각각 육군과 수군을 지휘했어. 또 지방의 중요한 지역에는 읍성을 쌓아서 그 지역의 방어를 튼튼하게 했단다.

또 조선에서는 16세에서 60세 사이의 양민 남자는 누구나 군역을 치러야 했어. 다만 관리와 학생, 향리는 군역이 면제되었지.

어떠니? 이런 제도를 알게 되니 조선이 어떻게 나라를 다스렸고, 적이 침입했을 때는 어떻게 막았는지 좀 더 잘 이해할 수 있지 않니?

관복 조선 후기에 입었던 무관의 관복이야. 가슴과 등 부분에 호랑이 자수를 놓았지. 관복의 앞뒤에 수놓은 부분을 '흉배'라고 하는데, 문관은 학을 수놓았고 무관은 호랑이를 수놓았어.

고 세금을 제대로 거둬들여서 나라 재정을 튼튼하게 하는 데 큰 도움이 되었어.

또 '신문고'라는 제도도 마련했지. 억울한 일을 당한 백성이 북을 두드려 왕에게 직접 호소할 수 있도록 한 제도야. 신문고는 대궐 밖 문루(궁문이나 성문 따위의 바깥문 위에 지은 다락집)에 달아 놓았어.

참 좋은 제도 같지? 그렇지만 아무나, 아무 때나 북을 칠 수 있는 것이 아니었어. 북을 치기까지 절차가 복잡해서 일반 백성이 널리 이용하지는 못했단다.

태종은 또 '숭유억불' 정책을 썼어. 유교를 숭상하고 널리 전파하며, 불교와 도참사상(다가올 미래의 길흉을 예언하고 믿는 사상)을

경복궁 근정전 앞의 품계석
근정전 앞으로 난 돌길 양쪽에는 작은 비석 24개가 줄지어 있어. 그리고 비석마다 정1품부터 종9품까지 18등급으로 나눈 품계를 새겨 놓았단다. 이것을 '품계석'이라고 불러. 관리들은 나라의 큰 행사나 조회 때 자신의 벼슬에 맞는 품계석 앞에 차례대로 섰어.

조선 시대의 주민 등록증 '호패'

호패는 조선 시대에 사용했던 신분증명서야. 오늘날의 주민 등록증과 비슷한 거라고 생각하면 돼. 그러나 주민 등록증은 만 17세 이상이면 남녀를 가리지 않고 누구나 발급받지만, 조선 시대의 호패는 16세 이상의 남자만 사용했어. 양반이든 양민이든 천민이든 노비든 신분을 가리지 않고 말이야.

다만 만드는 재료나 써넣은 내용은 달랐지. 양반은 상아나 사슴뿔로 만든 호패를 사용했어. 그리고 2품 이상의 관리는 관직을, 3품 이하의 관리나 공이 큰 관리의 아들은 관직과 이름과 사는 곳을 호패에 써넣었어.

평민은 길이 11센티미터, 폭 4센티미터, 두께 0.6센티미터쯤 되는 나무로 호패를 만들었어. 호패에는 이름과 사는 곳, 얼굴빛, 수염이 있는지 없는지 등을 기록했어.

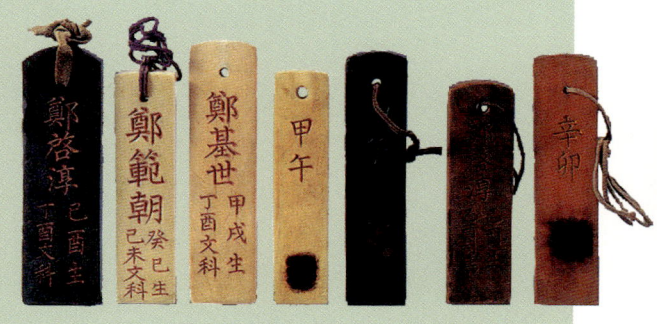

조선 시대의 호패

또 5품 이하의 군인은 소속 부대와 키가 기록되어 있는 호패를 사용했지.

노비의 호패에는 나이, 사는 곳, 주인 이름, 얼굴빛, 키, 수염이 있는지 없는지 등 보다 복잡한 내용이 기록됐어. 신분이 낮을수록 호패가 많은 구속력을 가지고 있었다는 이야기야.

그럼 이런 호패를 왜 만들었을까?

호패 제도를 처음 실시한 것은 원나라 때라고 해. 우리나라에서는 고려 공민왕 때 이 제도를 받아들였지만 잘 시행되지 않았어. 그러다가 조선 왕조에 들어와 전국적으로 시행하게 된 거야. 호패 제도의 시행으로 나라에는 많은 이득이 있었어. 먼저 백성의 신분을 쉽게 구분할 수 있었지. 또 군대에 가야 하는 사람과 가지 않아도 되는 사람, 세금을 내야 하는 사람과 내지 않아도 되는 사람을 간단히 가려내게 되었단다.

이만하면 호패 제도를 실시한 까닭을 알 수 있겠지? 호패를 안 차고 다니면 곤장 50대, 남에게 빌려주면 1백 대를 맞았대.

순천 낙안읍성의 신문고
전라남도 순천에 있는 낙안읍성의 신문고야. 낙안읍성은 조선 시대에 왜구의 침입을 막기 위해 흙으로 쌓은 성이었어. 신문고는 1401년 태종 때 '등문고'라는 이름으로 처음 만들었는데, 이후 신문고라고 이름을 바꾸었단다.

억압했다는 이야기야.

태종의 이와 같은 정책은 왕권을 강화하고 민심을 안정시키는 데 많은 도움이 되었어.

이번에는 태종의 중요한 업적 중의 하나인 실록 편찬 이야기를 해 볼까?

1408년 태조 이성계가 사망하자 태종은 《태조실록》 편찬을 지시했어. 실록은 '사초'를 바탕으로 편찬하는 거야. 사관(역사 기록을 담당하던 관리)이 날마다 일어났던 역사적 사실을 기록해 놓은 것을 사초라고 해. 사초는 정확하고 과장이나 거짓 없는 것이 생명이지. 그래서 임금이라 해도 사관이 자신에 대해서 기록

해 놓은 것을 볼 수 없었단다.

왕의 명을 받은 하윤, 변계량 등이 태조가 왕의 자리에 있었던 6년 5개월 12일 동안의 사초를 바탕으로 《태조실록》을 편찬했어. 그때 처음 편찬을 시작한 왕조실록은 그 후 편찬을 계속해서, 제1대 태조부터 제25대 철종까지 472년 동안 왕별로 역사적 사실을 기록한 《조선왕조실록》을 만들었단다. 《조선왕조실록》은 1997년 유네스코 세계 기록 유산으로 등재됐어.

지배 체제 정비를 마무리하다

태종의 뒤를 이은 임금은 세종이야. 세종은 태종의 셋째 아들이었지.

처음에는 맏아들인 양녕 대군을 세자로 책봉했어. 그러나 양녕은 궁궐 생활에 적응하지 못하고 밖으로 나가 풍류를 즐기는 등 왕세자로서 해서는 안 될 행동을 일삼았지. 그래서 폐위되고, 태종은 여러 왕자 중 가장 똑똑한 셋째 아들 충녕 대군을 세자로 삼았어. 그가 세종이야.

세종은 태종이 다져 놓은 안정된 통치 체제와 왕권을 기반으로, 유교가 바탕 사상이 된 이상적인 정치를 펼치려고 애썼어. 집현전을 설치해 젊고 유능한 인재를 모아 학문을 장려하고, 경연을 통해 늘 좋은 의견을 받아들였지. 경연은 왕과 신하가 함께

세종 대왕
세종 대왕은 조선 역사상 가장 많은 업적을 남긴 임금이라고 칭송받고 있어. 백성을 위한 많은 정책을 만들었을 뿐 아니라, 우리 고유의 글자인 훈민정음을 만들어 반포했어.

학문과 정책을 토론하는 제도야.

또 황희, 맹사성 같은 훌륭한 재상을 등용해 나랏일을 맡기고, 인사와 군사에 관련된 일은 왕이 직접 주관했어.

세금을 거둬들이는 제도도 백성에게 도움이 되도록 바꿨어. 토지가 얼마나 비옥하냐에 따라, 또 풍년과 흉년에 따라 세금 걷는 액수를 다르게 정했지.

세종의 뒤를 이은 문종이 일찍 죽고 어린 단종이 왕이 되자, 재상의 권한이 강화되었어. 그러자 왕의 자리에 야심이 있었던 수양 대군이 정변을 일으켜 단종을 몰아내고 왕이 됐지. 그가 세조야.

세조는 집현전을 폐지하고, 경연을 열지 않았으며, 국왕 중심의 정치를 강화했어. 또 직전법을 실시해 나라의 수입을 늘렸

창경궁
조선의 세 번째 임금이었던 태종은 아들 세종에게 왕위를 물려줬어. 그러고는 창덕궁 동쪽에 자신이 머물 궁궐을 지었지. 이를 '수강궁'이라고 했는데, 1483년 성종 때 고쳐 지으면서 '창경궁'이라고 이름을 바꾸었단다.

어. 직전법은 현직 관료에게만 과전을 주는 제도야. 과전은 관리들에게 급료로 주는 토지를 말해. 과전의 일부가 세습되면서 관리들에게 지급할 토지가 부족해져서 직전법을 실시하게 된 거였지.

세조의 손자인 제9대 성종은 폐지되었던 집현전과 같은 일을 하는 홍문관을 설치하고, 경연도 다시 여는 등 문물제도를 정비했어. 그리고 《경국대전》을 완성해서 반포했지.

《경국대전》은 조선 왕조 통치의 기본 바탕이 된 법전이야. 세조 때인 1460년에 편찬을 시작해서, 예종을 거쳐 성종 대인 1485년에 비로소 세상에 내놓았단다. 무려 20년 넘는 세월이 걸렸던 거지. 《경국대전》의 편찬으로 조선은 비로소 유교를 통치 이념으로 하는 법치 국가의 토대를 마련하고, 지배 체제의 정비도 마무리했어.

황희 초상
조선에서 가장 어질고 깨끗했던 관리로 손꼽히는 황희의 초상이야. 황희는 조선 시대의 재상 가운데 가장 오래 살았지. 세종에게 신임을 받으며 18년이나 영의정으로 지냈어.

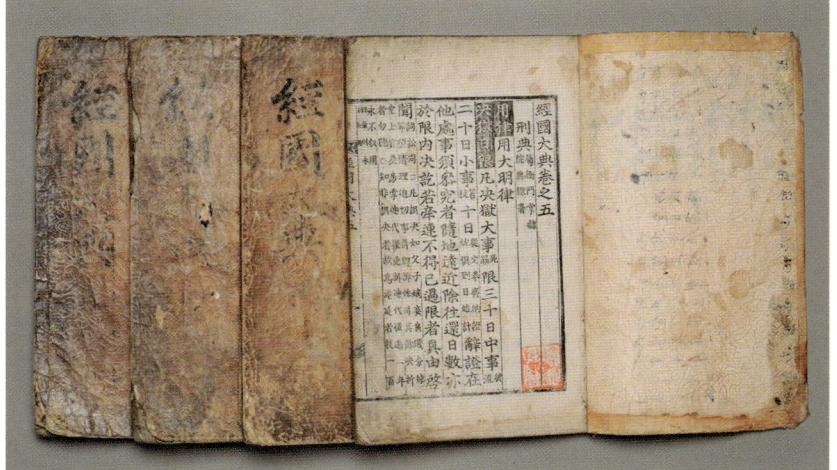

경국대전
조선은 새 나라에 걸맞은 새로운 법이 필요했어. 그래서 조선을 다스리는 데 기준이 될 법전을 만들었지. 이것이 바로 조선 최고의 법전인 《경국대전》이었단다.

조선의 외교 정책

이번에는 조선의 외교 정책에 대해서 알아볼까? 조선 외교의 기본 원칙은 '사대교린'이었어. 정치적인 안정을 도모하고 경제적·문화적으로 실리를 추구하기 위한 외교 정책이었지.

그런데 사대교린! 말이 좀 어렵지?

'사대'는 강한 나라나 세력을 섬기는 태도를 말해. 조선에게는 명나라가 사대 외교의 대상이었지. 명나라에 대한 사대 외교는 조공, 사신 파견, 책봉 등을 통해 이루어졌어. 조공을 바치고 사신을 보내는 일은 명나라의 앞선 문물을 받아들이는 데 중요한 통로가 되기도 했지.

'책봉'은 조선에 새 왕이 등극하면 이를 명나라 황제로부터 승인받는 일을 말해. 조선의 책봉 외교는 왕의 지위를 국제적으로 인정받아 정치적 안정을 누리는 데 도움이 되었어.

'교린'은 중국 이외의 나라에 대한 우호적인 외교 정책을 말해. 여진과 일본에 대한 외교가 교린 정책이었어. 이들 나라에 대한 교린 외교는 회유와 강경책을 함께 쓰는 방식으로 전개됐어.

여진이 침입하면 조선도 군사력으로 맞서서 응징했지. 세종 때는 최윤덕이 압록강 지역의 여진을 몰아내고 4군을 설치했어. 김종서는

국조정토록 (보물 1511)
세종 대왕 대부터 중종 대까지 조선에서 벌어졌던 전쟁의 역사를 기록한 책이야. 이종무의 쓰시마 섬 정벌, 부산포·제포·염포에서 왜구가 일으켰던 삼포 왜란 등 모두 일곱 개의 사건을 다루고 있단다.

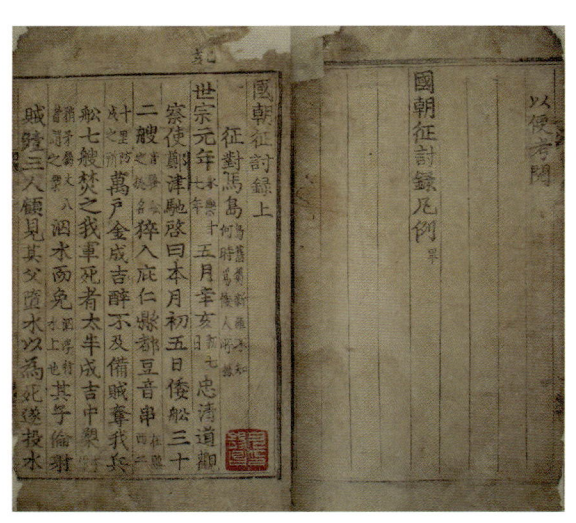

두만강 지역의 여진을 몰아내고 6진을 설치해서 영토를 넓혔지. 그리고 남쪽 지방 백성을 이곳으로 옮겨 살게 해서 지역을 방어하고 개발하도록 했어.

그러나 회유책도 함께 써서 교류를 끊지는 않았어. 국경 지대에 무역소를 설치해서 교류를 계속했어. 또 조선에 협력하거나 귀화하는 여진인에게는 관직을 주거나 생활 터전을 마련해 주기도 했단다.

일본에 대해서도 마찬가지였어. 고려 후기 이후 수시로 우리나라 해안에 침입해 약탈을 일삼던 왜구는 조선을 건국한 후에도 노략질을 멈추지 않았어. 조선은 왜구를 이대로 내버려 둘 수 없다고 생각했지.

세종 때인 1419년, 이종무를 총사령관으로 삼고 왜구의 근거지인 쓰시마 섬 정벌에 나섰단다. 우수한 무기로 무장하고 훈련 잘된 조선 수군은 쓰시마 섬에 상륙해서 왜구를 제압했어. 그때 불탄 집이 약 2천 호, 잡혀 죽은 왜구가 1백여 명이었다고 해. 또 배 120여 척을 찾아내 쓸 만한 것 20여 척만 남기고 모두 불태워 버렸어.

8. 새로운 나라의 틀을 다지다

이종무의 쓰시마 섬 정벌 후 왜구의 활동은 차츰 뜸해지게 됐지. 그러나 조선과의 교역이 끊겨 경제적 어려움을 겪게 된 일본의 끈질긴 요구로 부산포(동래), 제포(진해), 염포(울산)의 삼포를 개항해서 제한적으로 교역을 할 수 있게 했어.

조선은 그 밖에도 시암(타이), 자바 등 동남아시아의 여러 나라와 교린 정책 원칙에 따라 교역을 했단다.

백성을 위한 글자를 만들다

'세종 대왕'은 우리가 자연스럽게 쓰는 말인데, 다른 왕들과는 호칭이 다르지? 뒤에 '대왕'이라는 말이 붙으니까 말이야.

세종은 왜 다른 왕들과 달리 뒤에 '대왕'이라는 호칭을 붙여서 부를까? 그것은 세종이 그만큼 많은 업적을 남긴 임금이기 때문일 거야.

세종 대왕의 여러 업적은 앞에서도 이미 이야기했지. 그런데 중요한 것이 하나 빠졌다고 생각하지 않았니? 한글(훈민정음)을 만든 일 말이야.

맞아! 훈민정음을 만든 일이야말로 세종 대왕의 업적 중 첫 손가락에 꼽아야 할 일이지. 세종 대왕이 한글을 만들지 않았다면, 지금 우리가 무슨 글자로 책을 읽고 자기 생각을 글로 표현할 수 있겠니?

그럼 세종 대왕은 한자로 모든 생각을 표현하던 그 옛날에 왜

훈민정음을 만들었을까?

1443년에 훈민정음을 처음 만들고, 3년 후인 1446년에는 《훈민정음》 해례본이 나왔어. 비로소 훈민정음을 널리 사용하도록 반포했던 거야.

《훈민정음》 해례본은 훈민정음을 왜 만들었는지, 어떻게 사용해야 되는지를 설명해 놓은 해설서란다. 유네스코 세계 기록 유산으로 지정되어 있는 책이기도 하지.

세종 대왕은 《훈민정음》 해례본 머리글에서 훈민정음을 만든 뜻을 이렇게 이야기했어.

한글 금속 활자
지금 우리나라에 남아 있는 한글 금속 활자는 모두 750여 점이야. 조선 시대에 한글을 어떻게 사용했는지, 또 금속 활자를 어떻게 만들었는지 알려 주는 귀중한 문화유산이란다.

> 나라말이 중국과 달라 문자끼리 서로 통하지 아니하므로, 어리석은 백성이 말하고자 하는 바가 있어도 능히 그 뜻을 펴지 못하는 자가 많으니라. 내 이를 딱하게 여겨 새로 스물여덟 글자를 만드니 사람마다 쉽게 익혀서 날마다 쉽게 사용하기 바라노라.

또 당시 예조 판서였던 정인지가 쓴 이런 글도 실려 있단다.

> 이것(훈민정음)은 똑똑한 사람이라면 하루 아침을 마치기 전에 깨칠 수 있고, 어리석은 사람이라 할지라도 열흘이면 배울 수 있다. 이것으로 유교 경전을 풀어 써 놓으면 백성도 그 뜻을 잘 알

수 있고, 재판의 판결문을 쓰면 백성이 쉽게 이해할 수 있어 편리할 것이다.

어떠니? 《훈민정음》 해례본에서 따온 위의 두 글을 보면 훈민정음을 왜 만들었는지 이해할 수 있겠지?

훈민정음을 만들기 전에도 양반은 한자를 사용해서 자기 생각을 얼마든지 글로 나타낼 수 있었어. 그러나 한자는 일반 백성이 배우기에 너무 어려울뿐더러, 먹고살기에 바빠 한자를 익힐 시간도 없었지. 그런 백성이 쉽게 익혀서 사용할 수 있도록 훈민정음을 만든 거야.

또 '백성이 유교 경전을 쉽게 깨우칠 수 있도록 훈민정음을 만들었다.'는 정인지의 글도 매우 의미 있는 이야기란다. 조선은 유교를 나라의 바탕 이념으로 삼은 국가였지. 그러나 유교는 양반 세계에서나 통했을 뿐, 백성은 유교에 대해 거의 모르고 있었어. 까막눈인 백성은 한자로 된 유교 경전을 읽을 수 없었을 뿐 아니라 유교에 대해서 따로 배울 기회도 없었으니까.

오히려 백성은 고려 시대부터 생활 속에 깊숙이 들어와 있던 불교를 그대로 믿으며 그 세계에 젖어 있었지. 나라에서는 그런 백성을 빨리 새로운 국가 이념(유교적 가르침)에 충실한 백성으로 만들고 싶었던 거야. 그래서 배우기 쉬운 글자로 유교 경전을 풀어 써 놓아, 조선 백성이라면 누구나 유교를 알 수 있도록 하자는 것도 훈민정음을 만든 또 다른 뜻이었지.

'훈민정음'이란 말의 뜻에서도 그런 생각은 드러나 있어. 훈민정음은 '백성을 가르치는 바른 소리'라는 뜻이거든.

세종 대왕은 이런 중요한 뜻을 가지고 훈민정음을 만들기 시작했지만, 일은 그리 순조롭지 않았어. 최만리 등 여러 학자와 벼슬아치 들이 훈민정음 만드는 것을 심하게 반대했으니까. 반대파는 '중국과 다른 새 글자를 만드는 것은 큰 나라(명나라)를 섬기는 나라로서 예의에 어긋나는 일이며, 스스로 오랑캐가 되는 일'이라고 주장했지.

지배층에 있던 양반이 이런 주장을 하게 된 데에는 또 다른 속내도 있었어. 어려운 한자를 사용하고 있다는 것은 백성과 양반을 구분하는 기준이고, 글을 안다는 것은 지배층의 특권이라고 생각했거든.

세종 대왕도 강하게 나갔어. 최만리 등 반대 상소를 올린 벼슬아치를 모두 감옥에 가둬 버렸지. 그 후 어떤 벼슬아치는 관직에서 쫓겨나고, 곤장을 맞고 풀려나기도 했지. 최만리는 풀려난 후 스스로 관직에서 물러나 고향으로 내려갔단다.

이런 일은 모두 훈민정음을 반포하기 전에 있었던 일이야. 세종 대왕은 훈민정음을 반포한 다음, 훈민정음이 널리 쓰이도록 여러 책을 편찬했어. 《용비어천가》《석보상절》《월인천강지곡》 등이 훈민정음으로 편찬한 책이야.

용비어천가
《용비어천가》는 훈민정음, 곧 한글로 쓴 최초의 작품이야. 정인지, 안지, 권제 등의 학자가 지었어. 세종 대왕의 조상들이 남긴 뛰어난 업적을 칭송하고, 조선을 세워야만 했던 정당성을 강조했단다.

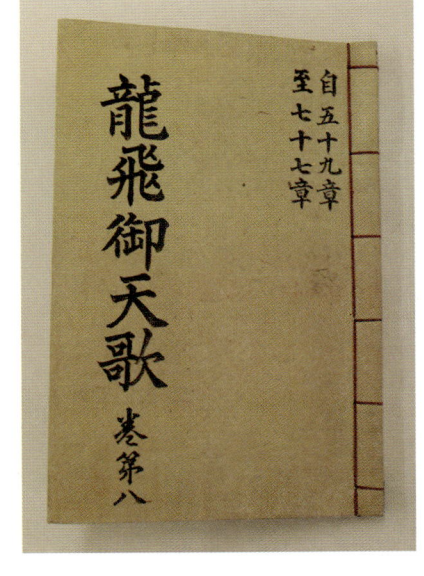

8. 새로운 나라의 틀을 다지다

그러나 훈민정음은 그리 환영받지는 못했어. 양반은 훈민정음을 상스러운 글이라 하여 '언문'이라고 업신여겼지. 그래서 훈민정음은 한자를 익혀 쓰기 어려워하던 궁궐과 양반집 여자들이 먼저 사용하기 시작했지. 그러자 이번에는 또 '암글'이라고 업신여김을 받았단다.

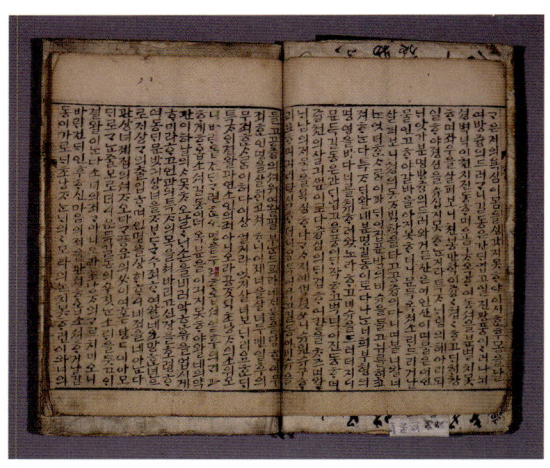

홍길동전
조선 중기의 문신이었던 허균이 쓴 〈홍길동전〉이야. 우리나라의 첫 한글 소설이지. 소설 속 주인공인 '홍길동'을 통해, 본부인과 첩의 자식을 차별하는 사회 문제를 비판하였어.

이런 여러 사연이 있었지만 훈민정음은 배우기 쉽고 쓰기 편하다는 것이 널리 알려진 데다, 상민 신분의 남자도 배워 쓰게 되면서 빠르게 퍼져 나갔어. 또 훈민정음을 사용하는 사람이 늘어나면서 훈민정음으로 쓴 소설이 등장했고, 사람들은 그런 소설을 즐겨 읽게 되었지.

훈민정음으로 정치를 비판하는 벽보를 써서 붙이기도 했어. 그래서 연산군 때는 훈민정음 사용을 금지하기도 했단다. 연산군의 잘못을 비판하는 훈민정음으로 쓴 글이 나붙자, 화가 난 연산군이 "앞으로는 언문을 가르치지도 배우지도 말며, 배운 자는 쓰지 못하게 하라."는 명령을 내렸던 거야.

훈민정음이 제대로 된 대접을 받기까지는 그 후 오랜 세월이 흘러야 했어. 조선 시대가 끝나 가던 19세기 말에야 훈민정음을 '국문'이라 일컫기 시작했고, 공문서에도 한자와 국문을 함께 쓰기 시작했지.

그 후 일본의 식민지 지배를 받던 1926년의 일이었어. 조선어 학회(지금의 한글 학회)가 중심이 되어 11월 4일을 '가갸날'이라 하고, 처음으로 한글 반포를 기념하는 행사를 가졌어. 1928년에는 명칭을 '한글날'로 바꿨지. '한글'이란 말을 처음 사용한 사람은 국문 연구소를 이끌었던 주시경이야. 그리고 한글날이 지금처럼 10월 9일이 된 것은 1946년부터였단다.

과학 기술과 인쇄술의 발달

조선 시대 초기에는 백성이 살아가는 데 보탬이 되고 나라를 부강하게 만들 수 있는 실용적인 과학 기술이 발달했어. 또 태조 이성계는 〈천상열차분야지도〉라는 천문도를 돌에 새겨, 새 왕조의 권위를 과시했단다.

실용적인 과학 기술이 크게 발전한 것은 세종 대왕 때야. 그리고 그 중심에 장영실이라는 인물이 있었지.

장영실의 출생에 대해서는 제대로 남아 있는 기록이 없어. 기생의 아들로 태어난 노비 출신이라는 것 정도만 알려져 있지. 당시에는 기생의 아들로 태어나면 노비가 되었거든.

세종 대왕은 과학 기술의 발달이 나라를 부강하게 하는 데 꼭 필요하다고 생각했어. 그리고 신분에 관계없이 기술이 뛰어난 사람을 찾으라는 명을 전국에 내렸지.

장영실은 노비 신분이었지만 재주가 매우 뛰어났나 봐. 장영실이 거기에 뽑혔던 거야. 세종 대왕이 '신분에 관계없이'라고 말하기는 했지만, 천한 노비 신분으로 그런 일에 뽑힌다는 것은 당시로서는 파격적인 일이었거든.

그 후 장영실은 나라의 후원으로 중국 유학을 가서 천문학을 공부하게 되었어. 천문학은 농사짓는 일과 밀접한 관계가 있기 때문이지. 별의 움직임, 날씨와 계절의 변화를 정확히 알아야 농사를 잘 지을 수 있거든. 그래서 장영실은 천문학 공부가 나라 경제의 바탕인 농업을 발전시키는 데 도움이 된다고 생각했던 거야.

중국에서 공부하고 돌아온 장영실은 궁중 기술자로 일하면서 혼천의, 간의, 앙부일구(해시계), 자격루(물시계), 측우기 등 천문학 분야의 발명품을 많이 만들었어.

혼천의는 태양과 달, 중요한 별자리의 위치를 측정하는 기구야. 간의도 천문을 관측하는 기구지.

앙부일구는 '솥 모양의 해시계'라는 뜻으로, 지구를 반으로 자른 것과 같은 모양이야. 청동으로 만들었는데, 가운데에 침을 세워 놓았지. 침의 그림자 길이에 따라 절기를 알 수 있고, 그림자 끝의 위치를 보고 시간을 알 수 있게 만든 기구란다. 이 해시계는 많은 사람이 볼 수 있도록 큰길가인 종묘 앞에 세워 놓았어. 그래서 요즘

휴대용 앙부일구
(보물 852)
조선의 대표적인 해시계 앙부일구를 사람들이 쉽게 들고 다닐 수 있도록 작게 만든 거야. 앙부일구는 '앙부일영'이라고도 불렀어. 사진 속 앙부일구는 1871년에 강건이라는 사람이 만들었단다.

의 공중 시계와 같은 구실을 했지.

자격루는 해가 없는 밤이나 흐리고 비 오는 날에도 시간을 알 수 있도록 만든 시계야. 물을 넣은 항아리 한쪽에 구멍을 뚫어 놓고, 물방울이 떨어지는 양에 따라 저절로 울리면서 시간을 알려 주도록 만들었어. 하루에 열두 번씩 스스로 종을 쳐서 시간을 알려 줬대. 경복궁의 경회루 남쪽에 있는 보루각에 있었다고 하는구나.

측우기는 그릇에 빗물을 받아 강우량을 잴 수 있도록 만든 기구야. 높이 32센티미터, 지름 15센티미터의 원통 모양인데, 표면에 대나무 마디처럼 도드라진 마디가 있었대. 그래서 비가 내려 측우기 안에 빗물이 고이면, 그 양을 재서 강우량을 측정했던 거지. 비가 얼마나 내렸는지 아는 것은 옛날이나 지금이나 농사를 짓는 데 매우 중요한 일이니까. 뿐만 아니라 하천의 범람을 미리 알고 대비책을 마련할 수도 있었어.

장영실은 천문학 분야에서만 뛰어난 업적을 남긴 것이 아니었어. 이천, 김돈 등과 함께 구리

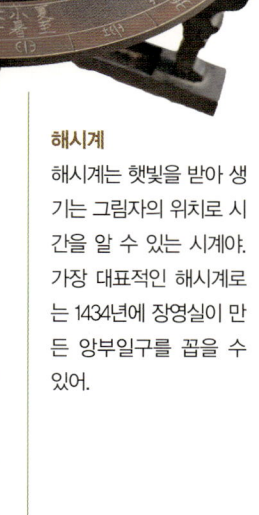

해시계 해시계는 햇빛을 받아 생기는 그림자의 위치로 시간을 알 수 있는 시계야. 가장 대표적인 해시계로는 1434년에 장영실이 만든 앙부일구를 꼽을 수 있어.

보루각 자격루 (국보 229) 보루각은 물시계를 보관하기 위해 세운 건물이야. 보루각에 있던 물시계를 '자격루'라고 불렀어. 1434년에 장영실이 처음 만들었지. 물이 흐르면서 저절로 종, 징, 북을 치며 시간을 알려 줬단다.

경복궁 경회루 (국보 224)
경회루 남쪽에는 자격루가 있다고 해. 경회루는 성대한 잔치를 열거나 외국 사신을 맞이할 때 주로 사용했지. 그러나 임진왜란 때 불타 없어졌는데, 1867년에 지금의 모습으로 다시 복원하였단다.

와 무쇠로 '갑인자'라는 활자를 만들고, 인쇄기도 만들어서 인쇄술의 발달과 책의 보급에도 크게 이바지했어.

장영실은 측우기를 발명한 공으로 상호군이라는 벼슬까지 올랐지(1441년). 그런데 이듬해에 장영실이 만든 임금님의 가마가 부서지는 바람에 곤장을 맞고 관직에서 쫓겨나고 말았어. 그 후 장영실이 어떻게 됐는지에 대해서는 알려진 것이 없단다.

자, 그럼 이제 인쇄술과 서적 편찬 이야기를 해 볼까?

조선 시대 초기에는 학문 발달과 더불어 많은 책이 편찬되었고 인쇄술도 발달했단다. 특히 조선 건국의 정당성과 유교적 통치 이념을 강조하기 위해 역사책 편찬을 중요하게 여겼지. 그래서 《고려사》《고려사절요》 같은 고려 시대의 역사를 정리한 책이 편찬되었어.

또 각 지방의 역사와 자연환경, 교통 등의 내용을 담은 지리서 편찬과 지도 제작도 활발하게 이루었단다. 《세종실록지리지》나 《동국여지승람》이 그런 책이었어. 지리서는 나라를 다스리는 데 필요한 지리와 관련된 정보를 얻기 위해 편찬했던 거였지.

세계 지도도 만들었어. 〈혼일강리역대국도지도〉라는 지도야. 그 시절에 세계 지도를 만들었다니 놀랍지 않니?

많은 책이 편찬되면서 인쇄술도 발달하고, 고려 시대에 발명한 금속 활자는 더욱 보기 좋은 모양으로 바뀌었단다. 태종 때는 계미자, 세종 때는 갑인자를 새로 만들었지. 특히 장영실 등이 만든 갑인자는 글자가 빼어나게 아름다운 금속 활자로 손꼽히고 있어.

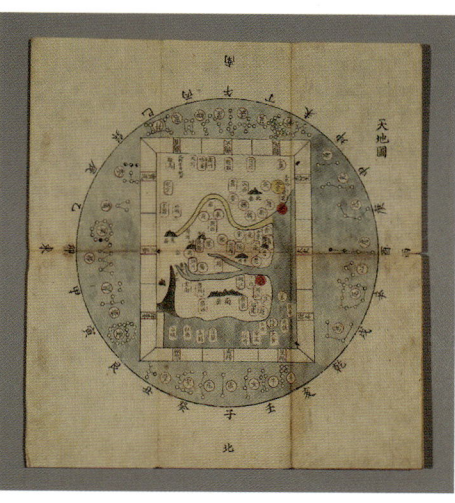

천하도, 외국지도, 팔도지도가 함께 수록된 종합 지도첩
조선 8도의 지도를 비롯하여 중국과 일본 등의 외국 지도까지 모두 모아 놓은 지도첩이야. 특히 조선의 지도는 《동국여지승람》의 〈동람도〉처럼 단순한 모양으로 실어 놓았어.

9

사림 세력의 등장과 성리학의 확산

조선은 강력한 왕권으로 정치, 문화, 과학을 발전시키려 했던 나라였어. 그러나 서로 다른 세력의 정치 싸움을 피해 갈 수는 없었지. 높은 벼슬을 하면서 정치를 주도했던 훈구파에게 향촌에서 공부하고 있던 사림파가 저항하기 시작했거든. 결국 조선은 정치 싸움의 소용돌이에 빠져들고 말았단다.

9 사림 세력의 등장과 성리학의 확산

세조와 사육신 | 사림 세력의 등장 | 조광조의 개혁 정치 | 서원의 설립과 성리학의 확산

세조와 사육신

조선 왕조는 세종 때에 이르러 안정을 보였지. 그러나 세종의 아들 문종이 왕의 자리에 오른 지 2년 만에 죽고, 단종이 열두 살의 어린 나이로 왕의 자리에 오르면서 다시 소용돌이에 휘말

사육신묘
단종을 위해 목숨을 바쳤던 여섯 충신, 곧 사육신이 묻힌 곳이야. 사육신뿐만 아니라 단종 대의 유명한 충신 김문기의 묘도 함께 모셔 두었단다.

김종서장군묘
김종서는 두만강 지역의 여진을 몰아내고 6진을 개척했던 장군이었어. 동시에 어린 나이로 왕위에 오른 단종에게 충성을 다한 재상이기도 했지. 그러나 1453년, 훗날 세조가 된 수양 대군의 손에 죽게 되었어.

리게 되었단다.

단종은 나랏일을 제대로 보기에는 너무 어렸어. 그래서 좌의정 김종서, 영의정 황보인 등이 단종을 도와 나랏일을 했어. 사정이 이러다 보니 단종의 작은아버지인 수양 대군과 안평 대군이 왕의 자리를 노리게 되었지.

먼저 선수를 친 사람은 수양 대군이었단다. 수양 대군은 권력을 잡는 데 걸림돌이 되었던 김종서와 황보인을 죽였어. 그뿐만 아니라 안평 대군도 자결로써 죽게 한 후 영의정 자리에 올라 권력을 거머쥐었어. 이것을 '계유정난'이라고 해(1453년).

2년쯤이 지난 1455년, 수양 대군의 위세에 위협을 느낀 어린 단종은 스스로 왕의 자리에서 물러나 상왕이 되었어. 그리고 수양 대군이 그 뒤를 이어 왕이 되니, 그가 조선 7대 임금 세조였단다.

모양새는 단종이 스스로 왕의 자리에서 물러

김시습
김시습은 단종에게 충성을 바치고 벼슬자리를 떠난 생육신 가운데 한 명이었어. 또 우리나라 최초의 한문 소설인 〈금오신화〉를 쓰기도 했지. 유교와 불교를 두루 아우른 천재였지만, 세조가 왕위에 오르자 승려가 되어 떠돌이 생활을 했어.

9. 사림 세력의 등장과 성리학의 확산 | 163

영월 청령포
단종이 세조에게 왕위를 빼앗긴 뒤 유배되었던 곳이야. 삼면은 강으로, 다른 한 면은 가파른 바위로 막혀 있어서 마치 섬과 같단다. 단종이 한양 쪽을 바라보며 시름에 잠겼다던 노산대 등 단종의 슬픈 삶이 깃든 유적이 많이 남아 있어.

난 것이지만, 내용은 작은아버지에게 왕의 자리를 빼앗긴 것이나 다름없었지. 많은 사람이 수양 대군의 행위에 분개했지만 누구도 감히 나서서 말하지는 못했어.

그러던 중 성삼문, 박팽년 등의 집현전 학자들과 유응부 등 일부 무인이 단종을 다시 왕의 자리에 올리기 위해 거사를 계획했단다. 그러나 거사에 참여하기로 했던 김질의 밀고로 계획은 물거품이 되었고, 거사를 계획했던 사람들도 모두 붙잡히고 말았어(1456년).

이들은 온갖 가혹한 고문을 받고 또 회유도 받았지만 "두 임금을 섬기는 것은 신하의 도리가 아니다!"라며 단종을 향한 충성심을 굽히지 않았어.

이때 주동 인물로 잡혀 와 단종에 대한 충절을 굽히지 않고 죽은 여섯 충신, 곧 성삼문·하위지·이개·박팽년·유성원·유응부를 '사육신'이라고 해.

또 목숨을 잃지는 않았지만 세조가 왕위를 빼앗은 행위에 분개하여 세조 밑에서 벼슬을 하지 않고 절개를 지킨 여섯 사람, 곧 김시습·원호·이맹전·조여·성담수·남효온을 '생육신'이라고 한단다.

이 사건은 단종에게까지 불똥이 튀었어. 세조는 상왕인 단종을 노산군으로 강등시킨 다음, 강원도 영월로 유배 보냈어. 그러나 단종의 시련은 그것으로 끝나지 않았지. 1년 뒤, 세종의 여섯째 아들인 금성 대군이 다시 단종 복위 계획을 세우다 발각됐어.

단종을 다시 왕의 자리에 앉히려는 계획이 이어지자, 세조는 단종을 그대로 놔둬서는 안 되겠다는 위협을 느꼈어. 결국 단종

금성 대군 위리안치지
금성 대군이 단종을 복위시키려다 발각된 뒤 위리안치 됐던 곳이야. 위리안치란 귀양살이를 하고 있는 죄인의 집 사방에 높다란 가시나무 울타리를 쳐서 가두는 것을 말해. 따라서 집 안에서는 집 밖을 볼 수도 없었단다.

영월 장릉
조선의 제6대 왕이었던 단종의 능이란다. 단종은 수양 대군에 의해 강원도 영월에 유배되었다가 이곳에서 죽음을 맞이하게 되었지. 1698년에 숙종이 '장릉'이라는 이름을 붙여 주었어.

에게 사약을 내려서 죽이고 말았지. 단종은 그렇게 열일곱 살의 나이로 비극적인 삶을 마쳤단다.

사림 세력의 등장

조선 건국을 이끈 신진 사대부 가운데, 권력의 중심부에서 조선 건국의 틀을 만든 사람들을 '훈구파'라고 해. 그리고 정치에 참여하지 않고, 향촌에서 학문을 연구하며 제자를 키우는 일에 힘써 온 사람들을 '사림파'라고 하지.

세조가 왕이 되면서, 그가 왕이 되도록 도운 공신과 그 자손들은 권력을 독점하고 새로운 훈구 세력을 형성했어. 그들은 지위를 이용해 넓은 토지와 많은 노비를 소유하고, 온갖 비리를 저지르는 등 부정부패가 심했단다.

세조가 죽고 세조의 아들인 예종마저 즉위한 지 1년 3개월 만에 죽자, 예종의 조카인 성종이 왕이 됐지. 성종은 훈구 세력을 견제하기 위해 새로운 정치 세력인 김종직 등의 사림파를 벼슬에 올리기 시작했어.

김종직은 길재의 학통을 이어받은 유학자야. 길재는 고려 왕조가 기우는 것을 보고 관직에서 물러나, 고향으로 내려가서 학문 연구와 제자 양성에 힘썼던 성리학자였지. 그 길재의 배움을 이어받은 김종직과 그의 제자들이

김종직
조선 초기의 성리학자로, 영남 지역 사림의 중심인물 가운데 한 명이었어. 그러나 김종직이 쓴 〈조의제문〉은 훗날 연산군 대에 일어난 무오사화의 원인이 되고 말았지.

본격적으로 중앙 정치 무대에 진출하기 시작했던 거란다.

  사림 세력은 대부분 지방의 중소 지주 출신으로 과거를 통해 사간원, 사헌부, 홍문관 등 삼사에 많이 진출했어. 삼사가 왕이 올바르게 정치를 하도록 일깨워 주고, 권력의 독점과 부정을 방지하는 역할을 했던 기구라는 건 앞에서 이야기했지?

  사림파는 성리학적 명분과 의리를 중요하게 여기는 사람들이었기 때문에, 훈구 세력의 부정과 비리를 날카롭게 비판했어. 그리고 성종은 사림파의 비판을 받아들여 훈구 세력을 억눌렀지.

  한동안 두 세력의 힘이 균형을 이루는 듯했어. 그러나 차츰 두 세력 사이의 갈등이 심해졌단다. 특히 훈구파는 어떻게 해서든 사림 세력을 몰아내고, 자기들이 독점했던 권력을 되찾으려 했어.

  성종이 죽고 연산군이 왕의 자리에 오르자 훈구 세력에게 기회가 왔어. 연산군이 자신의 잘못된 정치를 비판하는 사림 세력을 못마땅하게 여기기 시작했거든.

  기회를 엿보던 훈구 세력은 사림파에게 크게 타격을 줄 수 있는 구실을 찾아냈어. 바로 김종직이 썼던 〈조의제문〉이야. 김종직의 제자인 김일손이 〈조의제문〉을 사초에 실으면서 문제가 불거졌지.

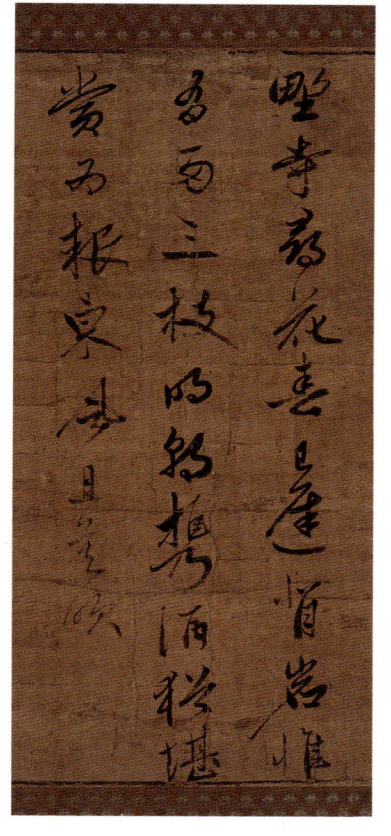

야은 길재가 썼다고 전해지는 글씨
길재는 고려 후기에서 조선 초기까지 살았던 성리학자였어. 하지만 "두 임금을 섬길 수는 없다!"는 이유로 이성계가 세운 조선의 벼슬을 거절하였지. 길재의 학문은 김종직, 조광조 등으로 이어져 사림의 바탕이 되었단다.

훈구 세력은 〈조의제문〉을 문제 삼아 사림파를 공격했어. 연산군도 훈구파의 주장을 받아들여서, 많은 사림파를 죽이고 관직에서 내쫓았지(1498년). 이것을 '무오사화'라고 해.

● 〈조의제문〉이란 무엇일까?

〈조의제문〉은 항우에게 죽은 초나라의 의제를 추모하며 쓴 글로, 항우를 비난하는 내용이 담겨 있어. 김종직이 예전에 썼던 글인데, 훈구파가 그 글을 문제 삼아 무오사화를 일으켰던 거야.

훈구파는 〈조의제문〉에 등장하는 의제가 단종을, 항우가 세조를 가리킨다고 주장했어. 이는 곧 김종직이 〈조의제문〉을 통해 세조가 단종을 죽이고 왕이 된 것을 슬쩍 돌려서 비난했다는 의미가 되거든.

또 이것은 단순히 세조만을 비난한 것이 아니고, 세조의 뒤를 이어 왕이 된 성종이나 그 뒤를 이은 연산군까지 모두 비난했다고 가져다 붙일 수 있는 일이었어. 그래서 훈구파는 김종직을 비롯한 사림파를 대역 죄인으로 몰고 갔지.

왕조 시대의 죄 가운데 가장 무거운 죄는 바로 대역죄였거든. 그러지 않아도 모든 일에 시시콜콜 간섭하는 사림파를 못마땅하게 여기고 있던 연산군은 훈구파로부터 〈조의제문〉에 대한 이야기를 듣자 쌓였던 분노가 폭발했어. 그래서 김종직의 제자들인 사림파를 사정없이 죽이고 관직에서 내쫓았어. 이것이 무오사화야.

이미 세상을 뜬 김종직은 '부관참시'까지 당했어. 죽은 사람의 무덤을 파헤쳐서 시신을 꺼낸 다음 목을 베는 것을 부관참시라고 해. 또 김종직이 썼던 책도 모두 불태웠단다.

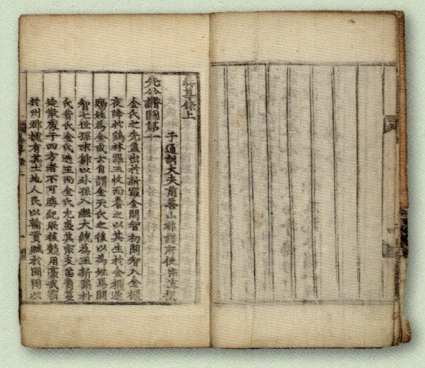

이존록(김종직이 자신의 가문을 다룬 책) 김종직이 쓴 책이야. 길재의 학문을 이어받았던 김숙자(김종직의 아버지)와 집안 어른들, 또 학문적 벗이었던 유학자들의 이야기가 담겨 있지. 조선 초기에 성리학과 사림이 어떻게 발전하였는지를 보여 주는 훌륭한 자료란다.

'사화'가 뭐냐고? 사화의 '사'는 선비를 뜻하는 글자로 '사림'을 가리키고, '화'는 '화(피해)를 입었다.'는 뜻이야. 그러니까 사화란 사림파가 화를 입은 사건이라고 생각하면 돼. 앞에 붙은 '무오'는 그 사건이 일어난 해가 '무오년'이라는 것을 가리키지.

연산군 시대 금표비
'금표비'란 '출입 금지를 알리는 비석'을 뜻해. 이 금표비는 연산군이 유흥을 즐기는 곳에 백성이 드나드는 것을 막으려고 세웠단다. 비석 안쪽으로 들어오는 자는 처벌한다는 내용을 새겨 놓았어.

사화는 그것으로 끝나지 않았어. 무오사화가 있은 지 6년 후인 1504년, 연산군은 친어머니인 폐비 윤씨의 죽음을 문제 삼아 다시 사화를 일으켰지.

윤씨는 성종의 후궁이었다가 왕비가 되어 연산군을 낳았어. 그런데 질투가 심하다는 이유로 쫓겨나 사약을 받고 죽었지. 연산군이 일곱 살 때 일이었단다.

연산군은 열아홉 살 때 왕이 된 후에야 그런 사실을 알았어. 그러나 그때만 해도 연산군이 포악하지 않았을 때라 폐비 윤씨 일을 그리 문제 삼지 않았어.

그 후 10년쯤 세월이 흘렀단다. 임사홍이라는 신하가 연산군의 환심을 사려고, 윤씨가 폐비되어 죽게 된 사연을 연산군에게 알려 줬어. 후궁 엄 귀인과 정 귀인의 모함 때문에 윤씨가 궁궐에서 내쫓긴 후 사약을 받고 죽었다는 사실을 알려 준 거야. 연산군은 격분해서 엄 귀인과 정 귀인을 때려죽였어.

일은 그것으로 끝나지 않았어. 연산군은 신하들이 자신을 업신여기며 사사건건 참견한다고 귀찮게 여기고 있었지. 연산군이 한창 폭정을 일삼던 때였거든.

연산군은 어머니 윤씨를 궁궐에서 쫓아내는 데 찬성했던 신하나 적극적으로 반대하지 않았던 신하를 모조리 죽였어. 또 평소 자기를 업신여긴다고 생각했던 신하도 죽였지. 피해를 입은 사람은 대부분 사림파였지만, 훈구파도 적잖은 피해를 입었어(1504년).

사건이 일어난 해가 갑자년이어서 이 일을 '갑자사화'라고 해.

조광조의 개혁 정치

갑자사화 이후 연산군의 포악한 정치는 더욱 심해졌어. 두 번의 사화로 왕에 대한 비판 세력을 모두 죽이거나 몰아냈으므로

서울 연산군묘
연산군과 부인 신씨의 무덤이야. 연산군은 중종반정이 일어났던 1506년에 강화도로 유배되었어. 그리고 그해에 그곳에서 숨을 거두었단다. 훗날 부인 신씨가 연산군의 무덤을 옮겨 달라고 청하여, 지금의 서울시 도봉구에 자리하게 되었어.

왕이 무슨 일을 하던 더 이상 제동을 걸 사람이 없어진 거야. 연산군은 브레이크가 없어 폭주하는 차와 같은 꼴이었지.

당연히 백성들의 삶은 점점 어려워졌고, 연산군에 대한 신하들과 백성들의 불만도 폭발 직전에 이르렀지. 그것이 마침내 폭발한 것이 '중종반정'이야(1506년).

'반정'이 뭐냐고? 잘못을 저지른 임금을 몰아내고 새 임금을 내세우는 것을 반정이라고 해. 훈구 세력인 성희안과 박원종 등이 군사를 일으켜 연산군을 몰아내고, 중종을 새로 왕의 자리에 앉게 한 거야. 중종은 성종의 둘째 아들로, 연산군의 이복동생이란다.

중종반정에 성공한 훈구파는 어느 때보다도 기세가 등등해졌어. 중종은 자신을 왕의 자리에 앉힌 훈구파의 눈치를 보느라 무슨 일도 뜻대로 할 수 없었고, 궁중에는 훈구파에 맞설 만한 사림 세력도 없었지. 사림파는 두 번의 사화로 거의 모두 죽음을 당했거나 관직에서 쫓겨났으니까.

그러나 세월이 흐르면서 중종은 차츰 훈구파의 영향에서 벗어나 자신의 뜻이 담긴 새로운 정치를 하려 했어. 그때 등장한 사람이 조광조야. 조광조는 사헌부의 우두머리인 대사헌으로 사림파의 지지를 받았던 인물이지.

조광조는 중종의 두터운 신임을 받으며 여러 개혁 작업을 펼쳤어. 그중 대표적인 것이 '향약'과 '현량과'의 실시였지.

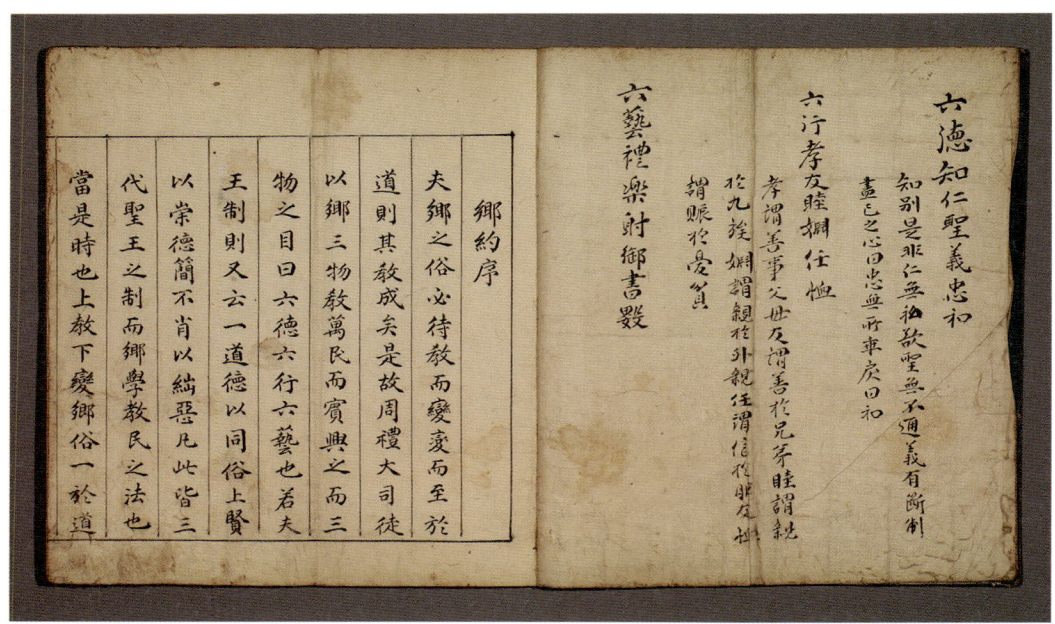

신증향약조(충청남도 보은에서 실시한 향약의 규약을 기록한 책)
이이가 만든 '서원향약'을 바탕으로 김홍득이 지은 책이야. 충청북도 보은에서 실시했던 향약 내용이 담겨 있어. 김홍득은 조선의 제21대 왕이었던 영조 때 보은 군수를 지냈던 사람이란다.

 향약은 향촌마다 자치적으로 규약을 만들어 이를 지키고, 잘못이 있을 때는 벌도 줄 수 있게 한 제도야. 송나라의 《여씨향약》을 본떠서 만든 제도였지. 조광조는 이 제도를 통해 백성에게 성리학의 규범을 가르쳐 왕도 정치의 토대를 마련하려 했어.

 현량과는 학문과 인품이 뛰어난 사람을 과거 시험 없이 추천을 통해 관리로 등용하는 제도야. 과거는 학문이 뛰어난 사람은 가려낼 수 있지만, 인품이나 덕행은 제대로 알기 어렵다고 생각해서 이와 같은 제도를 실시하려 한 거야.

 훈구파는 현량과를 강하게 반대했지만, 중종은 조광조의 의견을 받아들여서 현량과를 실시하였어. 그 후 현량과를 통해 관리가 된 인재들은 조광조와 같은 정치 세력을 형성하게 됐단다.

 그 밖에도 조광조는 여러 낡은 제도와 관습을 바꾸기 위해 노력했어. 그래서 궁중 연회 때 기생이 악기를 연주하고 춤추는 것을 폐지하고, 왕실이 백성을 상대로 고리대금업을 하던 것도 중지시켰단다.

조광조의 개혁 정책은 대부분 훈구파의 견제와 반대 속에서 이루어졌어. 특히 훈구파가 가장 위기의식을 느낀 개혁은 '삭훈' 문제였지. 중종반정에 참여했던 많은 훈구파가 공신으로 책봉됐어. 그런데 조광조는 그 수가 너무 많아 공신의 의미가 없다며, 공신 자격을 박탈하자고 주장한 거야.

훈구파가 거세게 반발한 것은 물론, 중종도 이 문제는 그리 탐탁지 않게 여겼지. 중종이 선뜻 자신들의 의견을 받아들이지 않자, 조광조 등 개혁 세력은 모두 관직에서 사퇴하겠다며 중종을 압박했어.

화순 정암 조광조 선생 적려 유허비
조광조가 귀양을 간 전라남도 화순에 남아 있는 비석이야. 조광조의 생애와 업적을 기록해 놓았지. '정암'은 조광조의 호를, '적려'는 유배지를, '유허비'는 옛사람을 기억하기 위해 세운 비석을 뜻해.

9. 사림 세력의 등장과 성리학의 확산 | 173

○ 주초위왕

주초위왕(走肖爲王)이 무슨 뜻인지 알고 있니? '조씨가 왕이 된다.'는 뜻으로 해석될 수 있는 글자야. 기묘사화의 빌미가 된 글자이기도 하지.

주초위왕에는 조광조를 제거하기 위한 훈구파의 음모가 숨어 있었어.

훈구파는 후궁인 희빈에게 궁중의 나뭇잎에 꿀로 주초위왕이라는 글자를 써 놓게 했어. 그러자 벌레가 꿀을 따라가며 나뭇잎을 갉아 먹었지. 나뭇잎에 주초위왕이라는 글자가 나타나게 된 거야.

희빈은 그 나뭇잎을 중종에게 보여 줬단다. 중종은 얼굴이 파랗게 질렸지. '조씨가 왕이 된다.'는 뜻이었으니까.

어떻게 조씨가 왕이 된다는 뜻이냐고? '주(走)' 자와 '초(肖)' 자를 합치면 '조(趙)' 자가 되지. 그리고 '위왕(爲王)'은 '왕이 된다.'는 뜻이야. 그러니까 '주초위왕'은 '조씨가 왕이 된다.'라는 뜻으로 해석될 수 있는 거야.

중종은 훈구 세력이 꾸민 이런 음모에 넘어가, 조광조 등 사림파를 제거하는 '기묘사화'를 일으키게 됐던 거란다.

개혁 세력의 단체 행동에 중종은 당황했고, 결국 그들의 주장을 받아들였어. 그래서 전체 공신의 4분의 3에 해당하는 76명이 공신 자격을 박탈당했단다.

훈구파가 계속 그렇게 당하고만 있었겠니? 물론 그러지 않았어. 조광조 등을 제거하기 위한 훈구 세력의 결정적인 반격이 시작됐지. 훈구파는 조광조가 왕이 되려 한다는 소문을 퍼뜨렸단다.

왕이 되려고 역모를 꾸미는 것보다 더 큰 죄가 어딨겠니? 그러지 않아도 조광조 일파의 세력이 너무 커지는 것을 불안해하던 중종이었거든. 중종은 훈구파의 음모에 넘어가 조광조와 그를 따르는 사림파를 모조리 잡아들여 죽이거나 귀양 보냈지.

이 사건이 터진 것이 1519년 기묘년이라, 이 일을 '기묘사화'라고 해.

서원의 설립과 성리학의 확산

사림파의 시련은 기묘사화로 끝나지 않았어. 명종 대인 1545년에 일어난 '을사사화'로 사림 세력은 다시 한 번 큰 피해를 입게 됐거든. 을사사화는 외척인 윤임과 윤원형 사이의 세력 다툼에서 비롯된 사건이었지. 그러니까 훈구파끼리의 세력 다툼이었는데, 윤임이 제거되면서 윤임 주변에 있던 많은 사림파가 함께 화를 입었던 거야.

사림 세력은 이처럼 잇따른 사화로 큰 피해를 입었지만, 향촌으로 내려가 서원을 세우고 향약을 보급하면서 세력을 넓혀 나갔어.

서원을 처음 세운 것은 중종 대인 1543년이었어. 풍기 군수였던 주세붕이 경상북도 영주의 백운동에 '백운동 서원'을 세웠어. 백운동 서원은 최초의 '사액 서원'이기도 해.

주세붕 초상
주세붕은 조선 중종과 명종 대의 학자란다. 풍기 군수로 있을 때 우리나라 최초의 서원인 백운동 서원(훗날의 소수 서원)을 세운 것으로 유명한 사람이지.

사액 서원이 뭐냐고? 임금이 현판에 서원의 이름을 직접 써 준 서원을 사액 서원이라고 해. 백운동 서원은 명종 때 이황의 건의로 '소수 서원'이라는 현판을 받았어.

사액 서원은 나라에서 토지와 노비, 서적 등을 지원받고 세금도 면제받았어. 각 지방마다 많은 서원이 생겨났고, 나라에서도 학문 발전을 위해 서원 설립을 장려했어. 선조 때는 전국에 사액 서원만 1백 개가 넘었다고 해.

영주 소수 서원
우리나라 최초의 서원이이야. 중종 대의 풍기 군수였던 주세붕이 유학자 안향을 기리기 위해 세웠어. 조선 후기에 흥선 대원군이 전국의 서원을 없앴을 때 살아남았던 서원 가운데 하나이기도 해.

서원이 이전까지 향촌의 교육 기관이던 향교와 다른 점은 서원마다 각각 자신들이 받드는 선현에 대한 제사를 지내고, 운영도 독자적으로 했다는 거야. 백운동 서원도 안향에게 제사를 드렸어. 백운동은 유학자 안향이 살았던 곳이거든.

서원 수가 많아지면서 향촌 사회에도 성리학이 점점 깊숙이 보급되었어. 또 지방 문화 발전에도 크게 이바지했단다.

또 사림은 향촌 사람들이 지켜야 할 규범, 곧 향약을 만들어 보급하는 일에도 힘썼어. 향약은 중종 때 조광조가 처음 보급하려 했으나 별 성과를 거두지 못했지. 그 후 이황과 이이가 향촌의 실정에 맞는 향약을 만들어 보급하면서 전국적으로 널리 퍼지게 되었어.

사림은 향약의 규정을 잘 지킨 사람에게는 상을 주고 어긴 사람에게는 벌을 줘서, 향촌 사람들이 유교 윤리에 맞는 생활을 하도록 이끌었어. 그래서 향촌 사회에는 양반 중심의 신분 질서가 자리 잡게 되었고, 사림의 영향력도 커졌지. 이것은 사림이 뒷날 다시 중앙 정치에 진출할 수 있는 발판이 되었단다.

이황 조선의 대표적인 유학자 가운데 한 명이야. '퇴계'라는 호로 더 유명하지. 주자학, 곧 성리학을 깊이 연구하여 조선에서 성리학이 발달할 수 있는 기초를 다져 놓았어.

10

임진왜란과 병자호란

우리나라 역사를 이야기할 때는 중국과 일본을 빼놓을 수 없어. 우리와 가장 가까이 있는 두 나라이기에 떼려야 뗄 수 없는 관계니까 말이야. 7년간의 전쟁 끝에 조선의 승리로 끝난 임진왜란, 그리고 청나라의 신하가 되는 굴욕을 겪은 병자호란. 이 두 전쟁을 치르면서 조선은 큰 변화를 겪게 돼. 전쟁이 일어나기 전과 전쟁이 끝난 후의 조선을 주의 깊게 살펴보렴.

임진왜란과 병자호란

붕당 정치의 시작 | 일본, 조선을 침입하다 | 이순신 장군과 의병의 활약 | 전쟁은 어떻게 끝나고, 어떤 영향을 미쳤나? | 광해군의 중립 외교와 인조반정 | 병자호란과 북벌 운동

붕당 정치의 시작

사림파는 네 번의 사화로 큰 피해를 입었지만 그 뿌리가 완전히 사라지지는 않았어. 목숨을 건진 사람들은 지방으로 내려가 서원을 세우고 향약을 보급하면서 세력을 키워 갔지.

명종이 죽고 선조가 왕이 되면서 마침내 사림파에게 다시 기회가 왔어. 선조는 사약을 받고 억울하게 죽은 조광조에게 영의정 관직을 추서(죽은 뒤에 벼슬을 내리는 일)하고, 사림파를 다시 관리로 등용하기 시작했단다.

사림 세력은 점점 커져서 정권을 거머쥐었고, 훈구 세력은 뒤로 밀려났어. 그러자 이번에는 사림파 사이에서 분열이 생겼단다. 분열의 빌미가 된 것은 '이조 전랑'이라는 벼슬자리에 누구를 임명할 것인가 하는 문제 때문이었어.

이조 전랑은 문관을 추천하고 뽑는 권한을 가진 중요한 자리였지. 심의겸과 김효원이 이 자리 문제로 다투면서 사림은 동인과 서인으로 갈라지게 되었어. 김효원의 집이 한양 동쪽인 건천동에 있어서 그를 따르는 사람들을 '동인', 심의겸의 집이 한양 서쪽인 정릉에 있어서 그를 따르는 사람들을 '서인'이라고 했지.

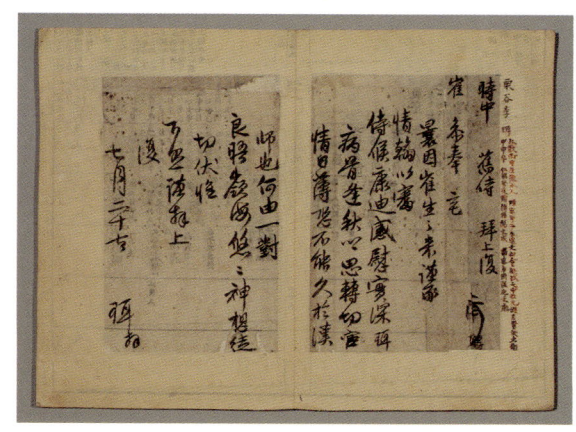

조식이 이황에게 보낸 편지
조식과 이황은 같은 해, 같은 지역에서 태어난 유학자였어. 이들은 영남 사림이 주를 이룬 동인의 중심인물이었지. 이 편지는 조식이 이황에게 보내는 답장이야. 이황을 만나고 싶어 하는 조식의 간절한 바람이 실려 있어.

동인은 선조 때 새롭게 중앙 정치에 참여하기 시작한 사림으로, 이황과 조식의 학문을 이어받은 영남 지역 사람들이 중심을 이루었어. 서인은 명종 때부터 중앙 정치에 참여해 온 사림이야. 이이와 성혼의 학문을 계승한 경기·충청 지방 사람들이 대부분이었지.

이처럼 정치적인 생각이나 학문의 성향, 또는 지역적인 이해관계를 같이하는 사람끼리 모인 것을 '붕당'이라고 해. 그리고 붕당이 서로 다른 상대방을 인정하고, 의견이 다른 문제에 대해서는 비판하고 견제하면서 펼치는 정치

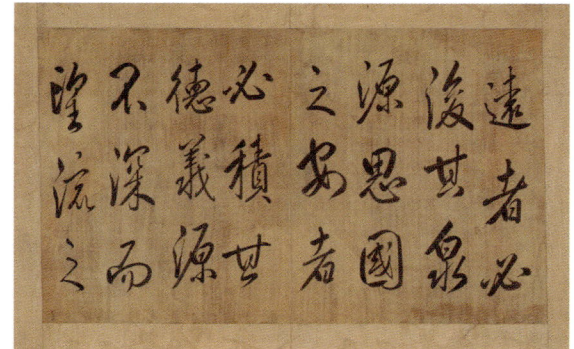

이이 유묵 조선 중기를 대표하는 학자였던 이이의 글씨야. 당나라의 유명한 재상 위징이 당 태종에게 바친 글을 이이가 옮겨 쓴 작품이지. 왕이 나라를 다스리기 위해 지녀야 할 자세를 강조하고 있어.

를 '붕당 정치'라고 해.

　붕당 정치 초기에는 동인과 서인의 활발한 학문 논의와 정책 경쟁으로 좋은 정치가 이루어졌어. 또 권력 독점도 막아 부정부패를 크게 줄일 수 있었지. 그러나 차츰 나랏일이나 백성 일보다 자기 당파의 이익을 먼저 생각하고, 서로 권력을 잡으려는 경쟁이 치열해졌어. 그래서 나라는 혼란에 휩싸였고, 그 과정에서 동인은 다시 남인과 북인으로 갈라졌단다.

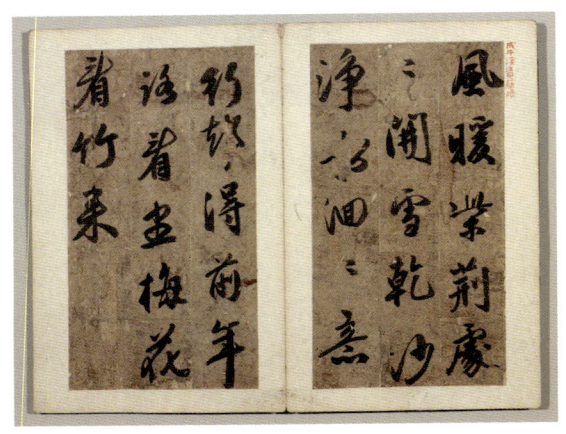

우계 성혼이 쓴 칠언시
성혼은 이이와 함께 서인을 대표할 만큼 뛰어난 성리학자였어. '우계'는 성혼의 호야. 이 칠언시는 왕안석의 시를 성혼이 옮겨 쓴 것이란다. 왕안석은 중국 송나라 사람으로, '신법' 등 부국강병을 위한 여러 정책을 주장한 정치가이자 학자였어.

일본, 조선을 침입하다

　1583년의 어느 날이었어. 이이는 선조에게 10만 명의 군사를 키우자고 건의했어. 나라는 태평하지만 군대와 식량이 모두 제대로 준비되어 있지 않아, 적이 침입하면 막아 내기 힘들다는 이유였지. 오랫동안 평화가 계속되면서 조선은 건국 초기의 강했던 군사력이 거의 무너진 상태였거든.

　대부분의 대신은 이이의 주장에 시큰둥한 반응을 보였어. 나라도 평화로운데 굳이 군사를 키울 이유가 어디 있냐는 거였지.

　그로부터 한참 세월이 흐른 1590년, 조선은 일본에 통신사를 보내게 됐어. 일본이 조선을 침략할지도 모른다는 소식이 들려

강릉 오죽헌 (보물 165)
율곡 이이가 태어나고 자란 집이자, 이이의 외갓집이야. '오죽'이라 부르는 대나무를 심어서 '오죽헌'이라는 이름이 붙었어. 이이는 외가에서 성장기를 보내며, 어머니 신사임당에게 많은 가르침을 받았단다.

오고 있기에, 일본으로 직접 가서 사정을 알아보기 위해서였지.

일본에 갔다 1년 만에 돌아온 통신사 황윤길과 김성일은 서로 다른 의견을 이야기했어. 황윤길은 일본이 틀림없이 침공할 것이라고 했고, 김성일은 그럴 염려가 없다고 한 거야. 황윤길은 서인이었고 김성일은 동인이었는데, 일본에 가서 본 것을 사실대로 이야기하기보다는 자기 정파의 의견을 그대로 이야기했던 거지. 그때 조정은 일본이 침략할 위험이 있다는 서인과, 그럴 염려가 없다는 동인으로 의견이 갈려 있었거든.

조정은 김성일의 의견을 받아들였지. 게다가 전쟁에 대비해서 성을 쌓던 일마저 제대로 이루어지지 않았어.

한편 일본에서는 도요토미 히데요시가 분열되어 있던 일본을 통일하고 중국으로 진출하려는 야심을 품고 있었어. 또 전쟁을

10. 임진왜란과 병자호란 | 183

도요토미 히데요시
여럿으로 산산조각 나 있던 일본을 하나로 통일한 장군이야. 그러고는 중국 땅을 차지하고자 우리나라로 쳐들어왔어. 이것이 바로 임진왜란이란다.

조총
기다란 총에 화약과 탄알을 넣고, 노끈에 불을 붙여서 쏘는 구식 총이야. 임진왜란 때 왜군이 사용했지. 당시 조총에 익숙하지 않았던 조선군은 속수무책으로 당할 수밖에 없었어. 그래서 이듬해부터 조총을 연구하고, 군사들에게 연습시켜 반격에 나섰단다.

일으키면 일본 내 불만 세력의 관심을 밖으로 돌릴 수 있기 때문에, 이 또한 도요토미 히데요시의 노림수가 될 수 있었지.

1592년 4월, 도요토미 히데요시는 마침내 '명나라를 정벌하고자 하니, 명나라로 가는 길을 내달라.'는 구실을 내세우며 20만 대군을 이끌고 조선 침략을 시작했어. 부산 앞바다에 나타난 왜군은 단숨에 부산진과 동래성을 무너뜨리고 한양을 향해 진격했지.

당시 조선의 손꼽히던 명장인 신립은 충주 탄금대에서 배수진을 치고 싸웠으나 왜군을 막지는 못했어. 신립은 강물에 몸을 던져 스스로 목숨을 끊었단다.

침략한 지 20일 만에 한양이 함락되고, 임금님이 살던 궁궐인 경복궁도 불타 버리고 말았어. 경복궁은 왜군이 들어오기도 전에 이미 불탔다고 해. 노비를 관장하던 장례원 건물에서 처음 불길이 솟았는데, 그 불길이 번져 경복궁까지 불탔던 거야. 누군가 장례원에 보관되어 있는 노비 문서를 불태우기 위해 불을

질렸던 것이 아닌가 생각돼.

 왜군은 북진을 계속해서 두 달 만에 평양마저 점령했지. 선조는 조정 대신들을 이끌고 평양으로 몸을 피했다가, 다시 의주로 피난해야 했어. 그리고 명나라에 구원병을 요청했단다.

 조선군이 이처럼 맥없이 무너진 것은 전쟁을 대비하지 않았던 탓도 있지만, 왜군이 서양에서 들여온 '조총'이란 새로운 무기로 무장을 해서 당해 내기 어렵기 때문이기도 했어. 또 일본은 오랜 내전을 치르면서 군사 훈련이 잘되어 있었지.

이순신 장군과 의병의 활약

왜군은 부산에 상륙한 지 두 달 만에 조선 땅을 거의 전부 휩쓸었지만, 호남 지방만큼은 멋대로 침범하지 못했어. 전라 좌수사 이순신의 수군이 굳건히 지키고 있었기 때문이야.

이순신은 진작부터 왜군이 침입할 것이라 생각하고, 그에 대비해서 군사를 훈련시켜 왔어. 또 거북선이라는 배도 만들었지. 왜군의 침입으로 경상도 쪽 바다를 지키는 수군이 무너지자, 이순신은 곧 함대를 이끌고 출동했어.

이순신의 수군은 옥포 해전에서 첫 승리를 거뒀어. 그리고 적진포 해전, 사천 해전, 당포 해전, 당항포 해전 등에서 잇달아 왜군 함대를 격파했단다. 특히 사천 해전에서는 거북선이 처음 출동해서 맹활약을 했어. 그래서 그 후부터 왜군은 멀리서 거북선이 보이기만 해도 무서워서 도망을 갔다고 해.

도요토미 히데요시는 일본 수군이 잇달아 패배했다는 보고를 받고 크게 화가 났어. 그래서 이순신의 수군을 꺾기 위해 일본에 남아 있던 수군을 모두 조선으로 출동시켰지.

일본의 대규모 함대는 마침내 견내량 (지금의 거제도)에 이르렀어. 견내량은 주변 바다가 좁고 암초가 많아서 배를 움직이기 어려운 곳이야. 이런 바

거북선
거북선은 세계 최초의 철갑선이야. 임진왜란 때 왜군을 물리치는 데 아주 큰 역할을 했지. 사진 속의 거북선은 임진왜란 당시의 거북선을 다시 만든 복원 모형이란다.

다에서는 거북선이 빠르게 움직이며 전투를 할 수가 없지.

이순신은 한산도 앞바다로 일본 함대를 유인했어. 그리고 학익진(학이 날개를 편 것과 같은 모양)으로 함대를 배치해서, 가운데로 들어온 일본 함대를 포위하고 각종 화포를 퍼부었어.

조선 수군은 일본 수군 지휘관이 타는 대형 함선을 비롯해 수십 척의 함선을 격파하고 큰 승리를 거두었지. 이 해전을 한산도 대첩이라고 해.

한산도 대첩 이후 조선 수군은 남해를 완전히 장악하고 일본 함대가 얼씬도 못 하게 했단다. 그래서 곡창 지대인 호남 지방은 왜군에게 짓밟히지 않았지. 뿐만 아니라 황해를 통해 육지에서 싸우는 왜군에게 물자를 보급하려던 일본의 계획도 막을 수 있었어.

수군조련도
조선 수군이 해마다 통영의 수군 통제영에 모여 진행했던 훈련을 그린 병풍이야. 경상도·전라도·충청도 삼도의 수군이 한자리에 모인 엄청난 규모였다고 해. 이 병풍은 조선 후기에 만들었어.

판옥선 임진왜란 때 조선 수군의 주요 전력을 맡았던 판옥선의 복원 모형이야. 판옥선은 지붕을 널빤지로 덮은 커다란 전투용 배였어. 조선의 군선은 대부분 판옥선이었고 거북선은 몇 척 안 되었단다.

바다에서 이순신이 거듭 승리를 거두는 동안 육지에서도 의병이 일어나 왜군과 맞섰단다. 군인은 아니지만 나라가 위급할 때 나라를 지키기 위해 스스로 일어나 적과 맞서 싸우는 병사를 의병이라고 한다는 건 알고 있지?

의병은 전국 곳곳에서 일어났어. 그중에서도 경상도 의령에서 일어난 성리학자 조식의 제자 곽재우, 충청도 옥천에서 일어난 이이의 제자 조헌, 전라도 담양에서 일어난 고경명과 김천일, 함경도의 정문부 등이 특히 유명한 의병장이지. 의병은 자신들이 사는 지역을 잘 알고 있다는 이점을 이용해서 게릴라전 등을 벌이며 적은 숫자로 왜군에게 큰 타격을 입혔어.

또 스님들도 일어났단다. 묘향산의 서산 대사, 금강산의 사명

행주 대첩 기록화

대사, 계룡산의 영규 대사처럼 유명한 스님들이 승병을 이끌고 왜군과 맞서 싸웠어.

그즈음 명나라의 구원군이 도착했지. 이여송이 이끄는 명나라 군대는 평양을 되찾았어.

또 행주산성에서는 권율이 왜군을 크게 물리쳤단다. 행주산성에는 관군과 의병, 승병까지 모두 2천3백 명의 군사가 있었어. 왜군 3만 명이 성을 포위하고 공격해 오는 것을 이 적은 군사로 물리친 거야. 이 싸움을 행주 대첩이라고 해.

전열을 정비한 관군과 명나라 군대 그리고 의병의 활약으로 왜군은 후퇴를 계속해 경상도 해안까지 밀리게 되었단다. 전세가 불리해진 일본은 명나라에 휴전을 제의했어.

서산 대사
서산 대사는 선조 때 활약한 승려였어. '활약'이라고 표현하는 이유는 바로 임진왜란 때 승병을 이끈 지휘관이었기 때문이란다. 사명 대사, 영규 대사와 함께 '임진왜란 3대 의승장(의로운 승려 장수)'으로 존경받고 있어.

신기전과 화차 임진왜란 때 사용했던 신기전과 화차의 복원품이야. 신기전은 고려 시대에 최무선이 개발했던 주화를 발전시킨 것으로, 화살에 화약이나 불을 붙여서 쏘았지. 화차는 수레에 신기전을 붙여서 화살 수십 개를 연달아 쏠 수 있도록 만든 장치였어.

별황자총통과 피령차중전 조선 시대의 무기였던 별황자총통과 피령차중전을 복원한 모형이야. 별황자총통은 황자총통을 개량한 조선 시대의 대포를 말해. 피령차중전은 별황자총통에 넣어서 발사했던 탄환이지. 별황자총통에 피령차중전을 넣고 쏘면 거의 1.5킬로미터나 날아갔단다.

● 두 번의 진주성 싸움

제1차 진주성 싸움은 한산도 대첩, 행주 대첩과 함께 임진왜란 때 왜군을 크게 물리친 세 번의 싸움(임진왜란 3대첩) 가운데 하나로 꼽혀. 흔히 '진주성 대첩'이라고 하지.

1592년 10월 5일 왜군은 부산, 동래, 김해의 정예 병력 3만을 동원해 진주성을 포위하고 공격했어. 진주성은 곡창 지대인 호남 지방으로 진출하는 길목에 있는 중요한 성이었거든.

그때 진주성은 정3품 진주 목사 김시민이 이끄는 군사 3천8백 명이 지키고 있었어. 김시민은 성안에 아무도 없는 것처럼 위장해서 왜군이 가까이 올 때까지 기다렸어. 그러고는 갑자기 공격해서 왜군을 당황하게 만들었지.

또 성안에 있던 백성들도 힘을 합쳐 왜군과 싸웠어. 백성들은 성벽을 기어오르는 왜군을 향해 마른 갈대에 화약을 싸서 던지거나, 끓는 물을 끼얹거나, 큰 돌을 던지기도 했지.

신식 무기인 조총으로 무장한 왜군도 맹렬한 공격을 퍼부었어. 전투는 10월 10일까지 6일 동안이나 계속됐지. 왜군은 이 전투에서 3만 명 중 2만여 명이 죽거나 다치는 큰 피해를 입고 물러갔어. 조선군이 열 배에 가까운 왜군에 맞서 이처럼 승리를 거둘 수 있었던 것은 김시민의 지휘 아래 군·관·민이 한 덩어리가 되어 죽기를 각오하고 싸웠기 때문이었어.

진주성 대첩은 이순신의 수군이 남쪽 바다를 지킨 것과 더불어, 왜군의 호남 지방 진출을 막아 추수를 앞둔 곡창 지대를 온전히 지켜 냈다는 데 큰 의미가 있어.

그 후 1593년 6월 진주성에서는 또 한 번의 큰 전투가 벌어졌어. 1592년에 있었던 진주성 전투의 패배를 앙갚음하기 위해 왜군이 다시 공격해 온 거야. 왜군은 9만여 명의 군사로 진주성을 공격했고, 진주성에는 3천4백여 명의 병력과 6~7만 명의 민간인이 있었지.

6월 22일부터 29일까지 이어진 밀고 밀리는 치열한 전투 끝에 진주성은 함락되고 말았어. 성이 함락되자 왜군은 성안에 남아 있던 군·관·민 6만여 명을 창고에 몰아넣고 불을 질러 학살했지. 또 가축까지 모두 죽였어.

이 싸움은 임진왜란 때 벌어진 매우 치열했던 전투 가운데 하나야. 그리고 비록 패하기는 했지만, 왜군도 엄청난 피해를 입었어. 이 전투를 '제2차 진주성 싸움'이라고 해.

제2차 진주성 싸움에서 또 하나 기억해야 할 일이 있어. 논개라는 여성이 적장을 유인해서 함께 남강에 빠져, 나라를 위해 목숨을 바쳤던 일이야.

전쟁은 어떻게 끝나고, 어떤 영향을 미쳤나?

전쟁이 벌어진 곳은 우리 땅이었는데, 정작 휴전 회담은 명나라와 일본 사이에서 진행됐단다. 우리나라는 회담에 참석조차 못 했지.

휴전 회담은 3년이나 끌다가 깨지고 말았어. 일본이 터무니없는 강화 조건을 내거는 바람에 명나라가 받아들이지 않았던 거야.

회담이 깨지자 일본은 다시 침입해 왔어. 이것을 '정유재란'이라고 해(1597년).

조선은 전쟁에 대비하고 있었기 때문에 이전처럼 밀리지 않았어. 그러나 바다의 상황은 달랐지. 왜군은 1차 침입 때 발도 딛지 못했던 전라도 지방을 집중 공격했어. 왜군이 벌벌 떨며 무서워했던 이순신이 없었기 때문이야. 이순신은 그때 "왕명을 어겼다."는 모함을 받아 감옥에 가 있었지. 그리고 원균이 삼도 수군통제사가 되어 조선 수군을 이끌고 있었어.

원균의 수군은 칠천량 해전에서 왜군 함대에게 크게 패하고 말았어. 또 원균도 이 해전에서 전사했어. 조선 수군은 더 이상 남쪽 바다를 지킬 수 없게 된 거야.

왜군이 남해안을 장악하고 서해로 진출하려 하자, 조정에서는 급히 이순신을 감옥에서 풀어 주고 다시 수군통제사에 임명했어. 그러나 남아 있는 조선 수군의 배는 열두 척뿐이었지. 이순신은 이 열두 척으로 울돌목에서 왜선 133척을 격파했단다.

울돌목은 해남과 진도 사이의 바다야. 좁고 물살이 소용돌이치며 빠르게 흐르는 곳이지. 이런 바다의 조건을 잘 이용해서, 이순신은 적은 수의 배로 열 배가 넘는 왜선을 격파했던 거야. 이 전투를 명량 대첩이라고 해.

조선 수군은 다시 남쪽 바다를 장악했고, 육지에서는 큰 전투 없이 그냥 맞서는 상태가 계속되었어. 이 무렵 전쟁을 일으켰던

충무공 이순신 평생도
충무공 이순신의 삶을 그림으로 담은 열두 폭짜리 병풍이야. 병정놀이를 하는 어린 시절부터 노량 해전에서 죽음을 맞는 모습까지 담겨 있단다.

도요토미 히데요시가 병으로 죽고 말았지. 더 이상 전쟁을 계속하기 힘들다고 생각한 왜군은 조선에서 철수하기 시작했어.

이순신은 철수하는 왜선을 추격해 노량 앞바다에서 크게 격파했어. 5백여 척의 왜선 중 도망친 배는 50여 척뿐이었지. 그러나 이순신도 노량 해전에서 적탄에 맞아 전사하고 말았단다. 7년 동안 계속됐던 전쟁은 이렇게 끝이 났어(1598년).

이 전쟁으로 국토는 망가질 대로 망가지고, 많은 사람이 죽거나 일본에 포로로 끌려갔지. 그래서 인구가 크게 줄어들고 땅이 황폐해져서 농사도 제대로 지을 수 없게 됐어. 백성의 생활은

충무사
숙종 때인 1690년에 세운 사당으로 전라남도 순천시에 있어. 이순신 장군 그리고 그와 함께 임진왜란 때 큰 공을 세웠던 정운, 송희립을 모시고 있단다.

말할 수 없이 어려워졌고, 세금을 제대로 걷을 수 없어 나라 살림도 크게 어려워졌지.

또 문화재 손실도 여간 큰 게 아니었어. 불국사와 경복궁이 불타고, 《조선왕조실록》을 보관하고 있던 4대 사고(춘추관, 성주, 충주, 전주) 중 전주 사고를 제외한 세 곳이 불탔지. 서적과 그림, 도자기 등 귀중한 문화재도 수없이 많이 약탈됐어.

노비 문서가 불타 없어지고, 전쟁에서 공을 세운 상민과 천민의 신분 상승이 이루어져 신분 제도도 흔들리게 되었지.

구원군을 파견했던 명나라와 침략 전쟁을 일으켰던 일본에도 큰 변화가 일어났어.

명나라는 전쟁으로 국력이 크게 약해졌고, 그 틈을 타 여진이 세력을 키워 '후금'이라는 나라를 세우고 명나라를 위협했단다.

일본은 내전이 일어나 도요토미 정권이 무너지고 도쿠가와

이에야스가 새로운 권력자가 되었어. 이를 '에도 막부'라고 해. '에도'는 지금의 일본 수도인 도쿄를, '막부'는 무사가 세운 정권을 일컫는 말이야. 그러니까 에도 막부는 도쿠가와 이에야스가 도쿄를 근거지로 세운 무사 정권을 의미해. 에도 막부는 조선에서 끌고 간 학자와 기술자, 약탈해 간 문화재를 바탕으로 일본 문화가 크게 발전할 수 있는 발판을 마련했단다.

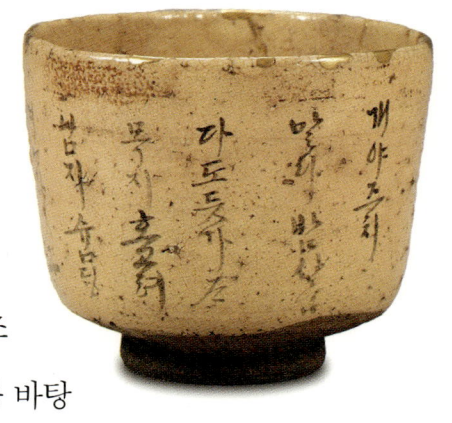

한글이 적혀 있는 찻잔
이 찻잔은 일본에서 왔어. 겉면에는 한글이 적혀 있는데, 임진왜란 당시 일본에 끌려간 조선 도자기 장인들의 후손이 만들었기 때문이야. 이들은 조선의 뛰어난 도자기 제작 기술을 일본에 전파하는 역할을 했단다.

광해군의 중립 외교와 인조반정

1608년 선조가 세상을 뜨자 광해군이 그 뒤를 이어 왕의 자리에 올랐어. 광해군은 선조의 둘째 아들로, 후궁인 공빈 김씨에게서 태어났지.

왕이 된 광해군은 임진왜란의 피해 복구에 온 힘을 쏟았어. 토지를 개간하고, 토지 대장과 호적을 다시 만들어 국가 수입을 늘리는 한편, 성과 무기를 수리하고 군사를 훈련시켜 국방을 튼튼히 했지.

또 전쟁 중에 많은 질병으로 고통받았

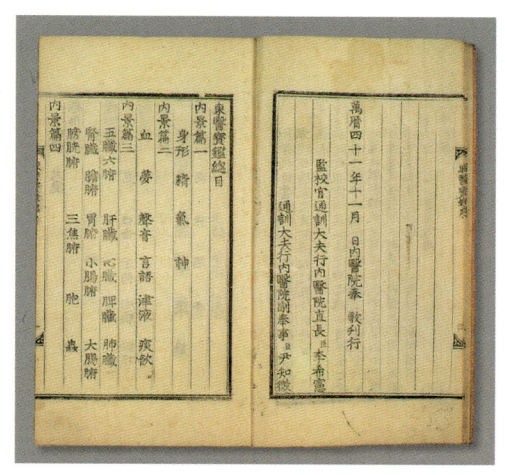

동의보감 유네스코 세계 기록 유산으로 지정된 의학책이야. 광해군 대에 허준이 완성했지. 동양에서 가장 훌륭한 의학책 가운데 하나로 손꼽히는 데다, 수백 개의 약을 한글로 적었다는 데 큰 의의가 있어.

10. 임진왜란과 병자호란 | 195

던 백성을 위한 의학책 《동의보감》이 완성되었어. 허준이 편찬한 《동의보감》은 주변에서 흔히 구할 수 있는 약재를 사용해서 질병을 치료할 수 있게, 또 백성도 알기 쉽게 쓴 의학책이야.

그 무렵 만주에서는 후금을 세운 여진이 명나라를 공격했단다. 명나라는 조선에 구원병을 요청했어. 광해군은 그때까지 명나라와 후금, 어느 쪽에도 치우치지 않는 중립 외교를 펴고 있었지.

광해군은 임진왜란 때 도움을 준 명나라의 구원병 요청을 마냥 모른 척할 수는 없었어. 그렇다고 구원병을 보낸다면 점점 세력이 커지는 후금의 비위를 건드리게 될 테니, 문젯거리가 될 것은 뻔했지.

광해군은 양쪽의 비위를 모두 건드리지 않는 현명한 선택을 했어. 강홍립에게 1만 3천 군사를 주고 명나라로 보내면서 은밀하게 지시를 내렸지. 두 나라 사이의 전쟁에 섣불리 휘말리지 말고, 상황을 살피며 현명하게 행동하라고 말이야.

강홍립은 광해군의 지시를 잘 따랐어. 기회를 살피다 후금에게 항복했지. 그리고 명나라에 군사를 보낸 것은 강요에 못 이겨 어쩔 수 없이 한 일이었으며, 조선은 후금과 싸울 의사가 없다는 것을 설명했단다.

조선은 광해군의 현명한 중립 외교로 또다시 전쟁에 휘말릴 뻔한 위기에서 벗어날 수 있었어. 그러나 명나라에 대한 의리

허준
조선을 대표하는 명의야. 선조와 광해군 대에 임금과 왕족을 돌보는 어의로 활약했어. 특히 《동의보감》을 완성하여 우리나라 한의학이 발전하는 데 많은 기여를 했단다.

와 명분을 중요하게 여기는 일부 대신은 광해군의 중립 외교에 크게 반발했단다. 대부분 서인에 속하는 사림이었지. 이조 전랑 자리를 놓고 다투면서 사림파가 동인과 서인으로 갈라졌다는 이야기는 앞에서 했지?

광해군은 결국 서인에게 쫓겨나고 말았어. 그러나 중립 외교 때문만은 아니고, 또 다른 이유가 있었지. 광해군은 왕권을 위협한다는 이유로 이복동생인 아홉 살짜리 영창 대군을 죽이고, 그의 어머니인 인목 대비를 일반 백성으로 강등시켜서 서궁(덕수궁)에 가뒀어. 또 친형인 임해군마저 죽였단다.

서인은 광해군의 이런 패륜을 문제 삼아 정변을 일으키고 왕의 자리에서 내쫓았던 거야. 그리고 인조가 새로 왕의 자리에 오르게 되었

◉ 조, 종, 군

'태조' '세종' '연산군'과 같은 왕의 호칭을 '묘호'라고 해. 살아 있을 때 부르던 호칭이 아니고, '세상을 뜬 후 묘에 붙인 호칭'이라는 뜻이야. 그런데 끝에 붙은 글자가 '조' '종' '군'으로 서로 다르지. 그 까닭은 무엇일까? 《태조실록》에 따르면 '공이 있으면 조, 덕이 있으면 종으로 한다.'고 되어 있어. 또 정치를 크게 잘못해서 쫓겨난 왕에게는 '군'을 붙였지. 중종반정으로 쫓겨난 '연산군'이나, 인조반정으로 쫓겨난 '광해군'처럼 말이야.

남양주 광해군묘
조선의 제15대 왕이었던 광해군과 부인 유씨의 묘야. 인조반정으로 왕위에서 쫓겨난 광해군은 제주도에서 쓸쓸히 살다 세상을 떠났어. 처음에는 제주도에 무덤을 만들었지만, 몇 년 후에 경기도 남양주로 옮겼단다.

청나라의 최대 판도

지(1623년). 이를 '인조반정'이라고 한단다.

광해군은 제주도로 귀양 가서 살다가 예순일곱의 나이로 세상을 떴어.

병자호란과 북벌 운동

인조반정으로 정권을 잡은 서인은 명나라 편을 들고 후금을 배척하는 정책을 썼어. 이에 화가 난 후금은 광해군의 원수를 갚겠다며 조선으로 쳐들어왔어. 임진왜란이 끝난 지 29년 만에 조선은 다시 전쟁에 휘말리게 된 거야.

1627년 1월, 압록강을 건넌 후금 군사 3만 명이 단숨에 황해도까지 밀고 내려왔어. 이를 '정묘호란'이라고 해. 조선군의 방어선은 곳곳에서 무너지고, 인조는 신하들과 강화도로 피난했어. 그사이 전국 여기저기서 의병이 일어나 후금군을 공격했지. 비로소 후금의 진격은 주춤해지고, 후금은 조선에 화의를 제안했어. '조선은 후금과 형제의 나라 관계를 맺고, 명나라와 관계를 끊으라.'는 것이 화의 조건이었지. 조선이 후금의 화의 조건을 받아들이자 후금의 군대는 물러갔어.

그 후 후금은 세력이 더욱 강성해져서 나라 이름을 '청나라'로 바꾸고, 조선에 군신 관계를 맺을 것을 요구해 왔지. 정묘호란 때 맺은 '형제의 나라' 관계를 '임금과 신하의 나라' 관계로 바꾸자고 한 거야. 또 명나라를 정벌하는 데 필요한 배와 무기까지 지원해 달라고 요구했어.

조선으로서는 모든 것이 받아들일 수 없는 요구였지. 조선이 청나라의 요구를 무시하자, 청나라 태종은 직접 12만 대군을 이끌고 침입해 왔어(1636년). 이것이 '병자호란'이란다.

압록강을 건넌 청나라 군대는 엿새 만에 한양을 손에 넣었어. 인조는 강화도로 피난하려 했지만, 청나라 군대가 미리 길을 막아 버려 남한산성으로 피할 수밖에 없었어. 청나라 군대는 곧

수어장대
조선 인조 때 남한산성을 쌓으면서 만들었던 네 개의 장대 가운데 유일하게 남아 있는 장대야. '장대'는 흙이나 돌을 높게 쌓아 올린 곳으로, 전쟁을 시에는 지휘관이 올라가 군대를 이끌기도 했단다.

정묘호란과 병자호란의 침입 경로
→ 정묘호란 당시 청나라군의 진격로
⇢ 병자호란 당시 청나라군의 진격로
→ 조선군의 반격로
● 조선군의 항쟁 지역
✕ 관군·의병의 항전

남한산성을 겹겹이 에워쌌지.

남한산성에 갇힌 조정 신하들은 청나라와 계속 싸우자는 쪽(척화파)과 강화를 맺자는 쪽(주화파)으로 의견이 갈려 다툼을 벌였어. 그러나 조선은 더 싸우려 해도 싸울 힘이 없었지. 결국 남한산성 항전 46일 만에 청나라의 요구를 받아들이고 굴욕적인 강화를 맺었단다.

인조는 청나라 태종이 요구한 강화 조건에 따라 신하를 거느리고 남한산성에서 나와 송파의 삼전 나루로 갔어. 그리고 그곳에서 기다리고 있는 청나라 태종에게 항복의 표시로 '삼배구고두'를 올렸어.

삼배구고두는 절을 한 번 할 때마다 이마를 땅바닥에 세 번씩 조아리며 세 번 절하는 것을 말해. 이것은 신하가 황제에게 예를 갖춰 인사하는 방법으로, 인조가 청나라 태종의 신하가 됐다는 것을 의미했지.

조선의 굴욕은 이뿐만 아니었어. 두 왕자인 소현 세자와 봉림 대군 부부, 청나라와 계속 싸울 것을 주장했던 대신과 많은 백성들이 청나라로 끌려갔단다.

조선에서는 청나라를 정벌해서 치욕을 씻어야 한다는 여론이 일어났어. 그동안 오랑캐라고 부르던 여진에게 굴복했다는 사실은 조선 사람들에게 참을 수 없는 치욕이었지.

그 후 1645년, 청나라에 끌려갔던 두 왕자가 돌아왔어. 그런데 왕의 자리를 이어받을 소현 세자가 갑자기 죽는 바람에 봉림 대군이 왕이 되었단다. 그가 바로 효종이야.

효종은 청나라에게 받은 치욕을 씻기 위해 '북벌 정책'을 추진했어. 북벌 정책은 청나라를 정벌해서, 청나라에게 받은 치욕을 씻으려는 정책을 말해. 효종은 본격적으로 북벌 준비에 들어갔어. 남한산성과 북한산성을 수리하고 무기를 개량하는 한편 군대를 양성해서 군사력을 강화했지.

그러나 북벌 계획에 반대하는 사람도 적지 않았어. 초강대국으로 세력이 커진 청나라를 친다는 것은 현실적으로 쉽지 않은 일이고, 이미 두 차례의 전쟁에 시달린 백성에게 다시 전쟁 준비를 위해 많은 세금을 거둬야 했기 때문이야. 이 같은 북벌 계획은 효종이 갑자기 죽는 바람에 10년 만에 중단되고 말았어.

그 후 조선에서는 두 번의 큰 전쟁을 겪고 난 후유증에서 벗어나기 위해 여러 변화가 시작되었단다.

파주 장릉
조선의 제16대 왕이었던 인조와 왕비인 인열 왕후의 능이야. 인조는 반정으로 왕위에 올랐지만, 병자호란으로 삼전도의 굴욕을 맛봤던 왕이었지. 부부가 한 무덤에 묻혀 있는 합장 형태의 무덤이란다.

조선 건국부터 병자호란까지 연표

② 훈민정음 창제

조선의 제4대 왕이었던 세종 대왕이 우리말에 걸맞은 우리글을 창제했어. 이것이 바로 오늘날 '한글'이라 부르는 '훈민정음'이었단다.

④ 호패법 실시

호패는 조선 시대의 주민 등록증과 같은 것이었어. 원래는 태조 이성계 때 시작했지만 오래지 않아 없어졌지. 그러다 세조 대인 1459년에 다시 만들어서 조선 후기까지 계속 사용했어.

⑥ 무오사화

조선의 권력을 장악했던 훈구파가 새로이 떠오르는 사림파를 몰아낸 첫 번째 사화였어. 조선 시대에는 네 번의 큰 사화가 있었지.

1443년 **1459년** **1498년**

1392년 **1453년** **1485년**

① 조선 건국

고려의 무신이었던 이성계가 고려를 무너뜨리고 새 나라 조선을 세웠어. 조선의 도읍은 한양으로 정했지. 그리고 유교를 통치 이념으로 삼았어.

③ 계유정난

조선의 제6대 왕이었던 단종은 겨우 열두 살에 왕위에 올랐단다. 그러나 이내 삼촌인 수양 대군에게 권력을 빼앗겼지. 그리고 몇 년 후에는 수양 대군이 왕위를 차지하고 말았어.

⑤ 경국대전 간행

《경국대전》은 조선의 기본 바탕이 된 법전이야. 세조 대에 만들기 시작해 성종 대인 1476년에 마무리하였지. 그리고 1485년, 조선 8도에 널리 퍼뜨려 통치 기준으로 삼았단다.

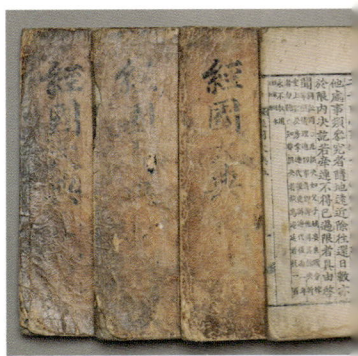

백운동 서원 설립
우리나라 최초의 서원인 '백운동 서원'이 경상북도 영주에 설립되었어. 백운동 서원은 훗날 '소수 서원'으로 이름이 바뀌었어.

인조반정
광해군이 조선을 다스릴 무렵, 중국 명나라는 멸망의 길을 걷고, 청나라가 떠오르고 있었지. 광해군은 중립 외교로 이를 극복하려 했지만 결국 쫓겨났고, 인조가 왕위에 올랐어.

효종, 북벌 추진
효종은 왕자 시절 청나라에 볼모로 끌려갔어. 조선으로 돌아와 왕이 된 후 그때의 치욕을 갚기 위해 북벌을 추진했어. 그러나 꿈을 이루기 전에 숨을 거뒀어.

1543년   **1623년**   **1652년**

1506년   **1592년**   **1636년**

중종반정
조선의 제10대 왕이었던 연산군을 왕위에서 끌어내리고, 연산군의 동생이자 성종의 둘째 아들인 진성 대군을 왕위에 올렸어. 바로 제11대 왕인 중종이었지.

임진왜란
일본의 도요토미 히데요시가 조선으로 쳐들어왔어. 오랜 시간 평화롭게 지냈던 조선은 속수무책으로 왜군에게 쫓겼지. 그러나 이순신 장군의 수군이 승전을 거두면서, 마침내 왜군을 온전히 몰아냈단다.

병자호란
인조는 광해군과 달리 청나라를 멀리했어. 이에 분개한 청나라는 조선으로 쳐들어왔지. 인조는 남한산성으로 들어가 버텼지만, 마침내 청나라에게 항복하고 말았단다.

| 자료 제공처 및 출처 |

● 경주시청
황룡사 구층목탑 81

● 계명대학교 동산도서관
용비어천가 153

● 고려대학교박물관
《북관유적도첩》 가운데 〈척경입비도〉 56

● 국립문화재연구소
파주 서곡리 고려벽화묘 61

● 국립중앙박물관
표제음주동국사략 20 익산 왕궁리 오층석탑 사리장엄구—금동불입상 24 서울 홍제동 오층석탑 33 채인범 묘지명 34 해동통보 39 향리들이 정두사 오층석탑을 세운 과정을 기록한 문서 41 거란의 글씨가 새겨 있는 거울 51 고려 인종의 시호를 올리며 지은 글 62 최함 묘지석 65 원나라에서 충선왕을 모시던 성리학자 이제현 초상화 86 수령 옹주 묘지명 87 공민왕의 글씨로 전해지는 안동 영호루 현판 글씨 탑본첩 89 영통사 대각 국사비 탑본 97 안향 초상 99 화엄경 그림 105 천산에서의 수렵 106 개성 경천사 터 십층석탑 106 개성 남계원 터 칠층석탑 107 팔만대장경판 중의 경과 율의 주제별 선집 110 고려 금속 활자 110 청자 상감 모란 국화 무늬 참외 모양 병 112 청자 투각 칠보 무늬 향로 112 청자 상감 모란 넝쿨무늬 조롱박 모양 주전자 113 삼국사기 114 동국이상국집(이규보의 시문집) 115 삼국유사 116 동국세기 122 정몽주 초상 125 포은집(포은 정몽주의 문집) 128 진경산수화풍으로 그린 도성도 131 관복 141 황희 초상 147 경국대전 147 한글 금속 활자 151 홍길동전 154 휴대용 앙부일구 156 보루각 자격루 157 천하도, 외국지도, 팔도지도가 함께 수록된 종합 지도첩 159 야은 길재가 썼다고 전해지는 글씨 167 이존록(김종직이 자신의 가문을 다룬 책) 168 신증향약조(충청남도 보은에서 실시한 향약의 규약을 기록한 책) 172 주세붕 초상 175 조식이 이황에게 보낸 편지 181 이이 유묵 181 우계 성혼이 쓴 칠언시 182 조총 184 서산 대사 189 한글이 적혀 있는 찻잔 195

● 국립청주박물관
'단산오옥' 고려 먹 100 백운 화상 초록 직지심체요절 111

● 국립춘천박물관
한송사 터 석조보살좌상 105

● 국립해양박물관
거북선 186 수군조련도 187 판옥선 187 충무공 이순신 평생도 192~193

● 도봉구청
서울 연산군묘 170

● 선암사 성보박물관
대각 국사 의천 96

● 송광사 성보박물관
순천 송광사 고려고문서 75

● 어진박물관
이성계 128

● 연합뉴스
최무선 장군 동상(진포 대첩 기념탑) 93

● 영주시청
영주 부석사 조사당 98 영주 부석사 무량수전 107 금성 대군 위리안치지 165 영주 소수 서원 176

● 전쟁기념관
귀주 대첩 기록화 54 처인성 전투 기록화 83 행주 대첩 기록화 188 신기전과 화차 189

● 최무선과학관
별황자총통과 피령차중전 189

● 해인사
합천 해인사 장경판전 108 합천 해인사 장경판전의 창 전면 109

● 본서의 모든 사진 및 그림 자료는 저작권자의 허락을 받아 사용하고자 최선을 다하였습니다.
허락받지 못한 일부 자료의 경우 저작권자를 확인하는 대로 반영하겠습니다.